Es ist nicht alles Golf, was glänzt

Eine Warnung an alle, für die es noch nicht zu spät ist

von Ulrich Kaiser

Impressum

Herausgeber und Verlag:	Albrecht Golf Verlag GmbH
	Freihamer Straße 2, D-82166 Gräfelfing
	Telefon (0 89) 8 58 53-0
	Telefax (0 89) 8 58 53-20
	E-mail: golf@albrecht.de
	http://www.golf.de
	http://www.golffuehrer.de
Grafik und Satz:	Liebl Satz+Grafik, Emmering
Druck:	Slowenien
Herausgegeben:	Mai 2000. 2. Auflage
	Teile des Werkes wurden bereits 1986 – 1992 im Mosaik Verlag GmbH, München, in den Titeln »Es ist nicht alles Golf, was glänzt« und »Reden ist Silber, Schweigen ist Golf« veröffentlicht.
Autor:	Ulrich Kaiser

ISBN 3-87014-085-2

Inhalt

Über Vorworte

Vorworte sollten nach Möglichkeit mit einem pointierten Satz beginnen, und ich will mich daran halten: Es bestand nicht die geringste Notwendigkeit, dieses Buch zu schreiben.

Es sei denn, man sieht das Bestreben des Autors als Notwendigkeit an, die unverhältnismäßig hohen Aufwendungen als Recherche zu deklarieren, womit sie sich freundlich in einer Steuererklärung niederschlagen. Vielleicht wollte er auch die immer wiederkehrende Frage lieber Mitmenschen, die dieses Spiel aus weltanschaulichen und damit unbegreiflichen Gründen nicht betreiben, ein für allemal beantworten: »Wie es gelaufen ist heute? Das kannst du nachlesen!« Schließlich wäre noch die Frustration zu erwähnen, mit der er lebt, seit er dieser ebenso albernen wie demütigenden Beschäftigung nachgeht. Aber nicht jeder, der einen Frust hat, schreibt gleich ein Buch darüber. Die wirklich relevante Begründung hierfür ist daher wohl in erster Linie im meteorologischen Bereich zu finden: Es war ein langer und schneereicher Winter, während dem man nicht auf den Platz konnte.

Da sich das Vorliegende nun weder geistes- noch golfwissenschaftlich durch erwähnenswerte Relevanz auszeichnet, sei wenigstens im Vorwort der Versuch unternommen, eine für dieses Leben sehr wichtige Regel preiszugeben: Bei Schlägen dieses Spiels und des Schicksals immer schön den Kopf stillhalten!

Ulrich Kaiser

Über Leben und Tod

Damit eines von vornherein klar ist: Alle Anpflaumungen im Hinblick auf dieses Spiel und im Zusammenhang mit der Person des Ausübenden können als bekannt vorausgesetzt werden. Nur der Vollständigkeit und der Dokumentation wegen seien sie noch einmal erwähnt: Golf ist kein Sport, sondern ein Spiel! Brauchst du Ausreden, wenn du spazierengehen willst? Hast du Krach daheim? Kommst du in die Jahre? Ist es nicht eine völlig blödsinnige Idee, eine Murmel durch die Botanik zu klopfen? Hast du geerbt oder im Lotto gewonnen? Golf spielen nur Snobs und sonstige Kaschmir-Schickeria!

Alle diese Argumente, die keine Argumente sind, sondern blankes Unwissen, sind dem Ausübenden – also mir – bekannt, da ich sie selbst benutzte. Bis vor einigen Jahren. Seither hat sich das Leben des Herrn K. in aufregender Form verändert. Er schleicht sich in Frühling und Sommer zu fast nachtschlafender Zeit aus dem Hause für wenigstens neun Löcher – und wenn er schon keinen Ball getroffen hat, so vermag er doch bedeutende Beobachtungen über das Balzverhalten von Fasanen von sich geben oder auch über die Vermehrung von Lurchtieren in einem Tümpel zu berichten, der vor dem fünften Loch liegt und in jeder Runde mindestens einen Ball auf Nimmerwiedersehen verschluckt. Ich bezweifle zwar, ob zwischen diesen Fröschen in ihrer unübersehbaren Vermehrung und jenen verschwundenen Bällen (vier bis fünf Mark das Stück) ein Zusammenhang besteht – auf jeden Fall geben sie immer wieder lautstark und erwartungsfroh ihrer Freude Ausdruck, wenn ich mich dem Teich nähere, was mich nervös macht. Ob man's glaubt oder nicht: nachher lachen sie sich halbtot.

Diesem Vorgriff auf das Loch 5 (Par 4) muß Herr K. unbedingt noch einige Argumente voranstellen, die anderen Neugolfern vielleicht eine Hilfe sein können. Im Vergleich zum Tennis braucht man niemanden anzurufen und zu fragen, ob er vielleicht morgen früh Lust und Zeit habe, und man braucht sich auch nicht zu entschuldigen, wenn einem das größte Glück widerfährt, nämlich ein Netzroller. Man braucht sich nicht wie beim Fußball zu ärgern, wo sie einem auf die Knochen hauen und die anderen viel schneller sind. Man braucht nicht ins kalte Wasser wie beim Schwimmen. Man braucht nicht auf die Autos achtzugeben wie beim Radfahren. Es ist jedenfalls unterhaltsamer als Spazierengehen oder Joggen. Wenn man alleine ist, braucht man niemandem einen guten Morgen zu entbieten. Ob es angebracht ist, die Nachbarn mit der Nachricht zu überraschen, daß man jetzt Golf spielt, liegt am Verhältnis mit diesen: Falls sie einen sowieso schon für leicht spinnig halten, kommt es auch nicht mehr darauf an. Auf die Kreditwürdigkeit bei der nächsten Bankfiliale hat Golf auf jeden Fall nicht den geringsten Einfluß.

Herr K. vermag nicht zu beurteilen, aus welchen Beweggründen andere Menschen zum Golf gekommen sind. Bei ihm war es so, daß jemand ein paar hundert Meter hinter seinem Haus einen Platz baute. Vorher hatten die Bauern dort Mais, Mais und wieder Mais angebaut – der Rest waren saure Wiesen, Moorland. Daher also solche Teiche wie vor dem fünften Loch und auch ein sehr hübscher und forellenreicher Bach. Das wichtigste Requisit in dem Schlägersack ist deshalb ein Teleskop, mit dessen sinnvoller Konstruktion es möglich wird, einige der im Wasser verlorenen Bälle wieder herauszufischen. Der Fehler oder das beglückende Erlebnis des Herrn K. bestand darin, einmal einigen Leuten zuzugucken, die es schon konnten: Wenn der Ball tatsächlich mit gesundem Knacken eine schöne Flugbahn beginnt, sieht das kinderleicht aus und führt zu dem Gedanken, ›das kannst du auch‹.

Die Lehrzeit möchte ich nur kurz streifen: Der Lehrer, der sich hier ›Pro‹ nennt, kommt meistens aus Schottland und bescheinigt einem einen ›terrible swing‹. Das Recht, einem für vierzig Minuten dreißig Mark Lehrgeld abzuverlangen, bezieht er aus der Tatsache, daß er mindestens einen Onkel hat, der in St. Andrews arbeitet. Den Sack (›bag‹) mit den gebraucht gekauften, aber funkelnd geputzten Schlägern ignoriert er völlig. Er zieht nur das Eisen 7 hervor und läßt Herrn K. damit ein Vierteljahr lang üben. An einem schönen Sommertag erbarmt er sich schließlich, holt Herrn K. von der Übungswiese und führt ihn auf den ersten Abschlag zur Erteilung der Platzreife. Das ist so eine Art Führerscheinprüfung, bei der lebenserfahrene Damen und Herren so reagieren, als stünden sie vor dem Abi-Examinator. Herr K. hat erlebt, wie ein tüchtiger Anwalt seiner Gemahlin den Ball gegen den Knöchel hieb, obgleich diese Richtung allen physikalischen Gesetzen widersprach. Die Gemahlin erlitt einen Ohnmachtsanfall, was den Herrn Anwalt aber nicht daran hinderte, den Ball weiterzuspielen. Als sie zu Bewußtsein kam, machte er ihr gelinde Vorhaltungen: »Warum hast du dich denn auch dort hingestellt?« Womit übrigens nachgewiesen ist, daß dieser Herr das Spiel begriffen hat. Er steht nach einem Jahr auf Handicap 27.

Was Herrn K. anbetrifft – also mich –, so ist von ihm zu sagen, daß er es im Laufe der gleichen Zeit gerade auf 34 gebracht hat. Er sagt auf entsprechende, meist ironische Anfragen, daß sein Handicap darin besteht, daß er das Spiel nicht begreift. Mit diesem nicht besonders originellen Witzchen versucht er das innere Knurren zu übertönen: Warum, lieber Gott, läßt du ausgerechnet meine Bälle in die Büsche, in den Wald oder in die Brennesseln fliegen?

Das Schlimme am Golf ist nämlich das völlig falsche Image, welches bei Fernsehübertragungen zustande kommt, bei denen solche herrlichen Menschen wie Bernhard Langer immer auf geschorenen Rasenflächen einherschreiten, auf denen der Ball so präsent liegt wie ein frischer Wiesenchampignon. Und selbst wenn diese Menschen einmal zufällig ins Rauhe geraten sollten, ergreifen sie mit schlafwandlerischer Sicherheit den richtigen Schläger und hauen die Murmel über die Bäume oder um sie herum direkt aufs Grün. Sie maulen höchstens noch, wenn das Ding nicht direkt bei der Fahne liegt, sondern sieben Meter davon entfernt, weil das kaum mit einem Putt zu schaffen ist.

In der Realität des Herrn K. sieht Golf ganz anders aus. Da die von ihm geschlagenen Bälle immer einen Rechtsdrall haben, hat er noch nie die linke Seite eines Fairways gesehen. Auf der rechten Seite befindet sich ein Graben mit sehr interessanten Schilfgewächsen. Falls es ihm gelungen sein sollte, tatsächlich diesen Graben zu vermeiden, landet er mit dem zweiten Schlag totsicher in einem Unterholz, welches mit seinem brusthohen Brennesselwuchs ein faszinierendes Biotop bildet. Man könnte dort natürlich suchen, aber – abgesehen von den schmerzerzeugenden Nesseln – ist das so erfolgversprechend wie die Sache mit der Stecknadel und dem Heuhaufen. Wenn man dieses Unterholz unter Inkaufnahme eines Strafschlages wegen verloren gegebenen Balles überwunden hat, ist der Rest relativ einfach. Es sei denn, man haut so drauf, daß der Ball übers Grün fliegt, hinter dem sich direkt jenes bereits erwähnte, forellenführende Flüßchen befindet. Man sagt, daß die Jungen, die hundert Meter flußabwärts warten, sich ihr Taschengeld nicht unerheblich aufbessern. Ähnlich muß es bei den Goldwäschern von Colorado gewesen sein.

Neben diesen seelisch frustrierenden Erlebnissen sollten noch die gesundheitlichen Werte des Golfspiels erwähnt werden. Der Schmerz in den Armen läßt sich ertragen, aber die Pein in den Rückenpartien vom Gesäß bis zur Schulter vermag selbst herrliche Sommermorgen zu zerstören. Ein Trost, der einem immer wieder freundlich gespendet wird: Es liegt nur am falschen Schwung! Und: In zwei oder drei Jahren werden Sie das richtig machen! Ein Arzt, der bei der Ausübung dieses Spiels Erholung zu finden glaubte, attestierte sich in kühner Selbstdiagnose mindestens einen Tumor in der Nierengegend. Mittlerweile schwingt er offensichtlich richtig, und der Tumor ist weg.

Warum also ausgerechnet Golf? Verzeihung, aber man erntet bei Nichtgolfern für alle Erklärungen kein Verständnis. Wie soll man die kurze Glückseligkeit beschreiben, die dann entsteht, wenn diese Kugel tatsächlich einmal so fliegt, wie man wollte? Und wie die Depression, wenn sie zum fünften Mal hintereinander in den Rüben landet oder gar nur zehn Meter weit kullert? Oder wie die Tatsache, daß in keiner Regel verboten ist, daß ich mich morgens bei der einsamen Runde selbst beschwindeln kann so viel ich will – und daß ich diese Schwindelei sogar glaube? Das begreift keiner. Golf – so sagen die Schotten angeblich – ist nicht Tod oder Leben. Golf ist wichtiger.

Über Optimismus

Nur ein optimistischer Golfspieler ist ein guter Golfspieler. Im Lexikon steht über den Optimismus: ›Günstigste Auffassung der Dinge; Zuversicht; Lebensbejahung; Glaube, daß die bestehende Welt zweckmäßig und gut sei.‹ In einem anderen klugen Buch steht: ›Weltzugewandte, heitere Lebenseinstellung, die von der Zukunft immer das Beste erwartet.‹

Ich bin wahrscheinlich kein besonders pessimistischer Mensch, aber daß ich den Golfplatz als strahlender Optimist betrete, kann ich nun auch wieder nicht sagen. Über Jungfrauen steht im Horoskop, daß sie zum Realismus neigen. Ich bin Jungfrau. Übrigens genauso wie Goethe und Beckenbauer. Von letzterem weiß ich, daß der liebe Gott in seiner unbegreiflichen Güte auch ziemlich ungerecht sein kann. Es hätte ja gereicht, wenn er dem Franz B. die Gabe des Fußballspielens verliehen hätte und nicht auch noch ein Handicap 8 (welches inzwischen wahrscheinlich schon wieder besser geworden ist). Über das Golfspiel des J. W. v. G. ist mir nichts bekannt; ich neige aber zu der Ansicht, daß seine Veröffentlichungen weniger vom realistischen Geist geprägt waren als seine Verhandlungen mit Verlegern und Königen. Bei mir ist es genau umgekehrt.

Einmal habe ich jemandem gestanden, daß es mit meiner Zuversicht nicht weit her sei, wenn ich auf den Abschlag gehe. Ich wüßte genau, daß der Ball im besten Falle ungefähr hundert Meter wunderbar ansteigt, dann aber so abrupt rechts abschwenkt, als sei er gegen eine schräg dort stehende Wand geprallt. Experten nennen das einen ›Slice‹ und erklären es so langatmig wie das Zustandekommen des Bruttosozialprodukts. Daraufhin hat mir dieser angebliche Freund geraten, doch vorher einmal einen richtigen Schnaps zu trinken; dieses hochprozentige Zeug würde mir jenen Grad von Wurschtigkeit verleihen, den man unbedingt benötigt, und außerdem eine heitere Lebenseinstellung – Optimismus eben. Obgleich ich nichts gegen Schnapstrinken habe, muß ich zugeben, daß mir allein der Geruch am Vormittag Übelkeit verursacht – vielleicht weil um diese Zeit die Erinnerung an gestern abend noch zu stark ist. Aber ich habe mir die Nase zugehalten und trotzdem getrunken. Dieses Mittel zeigte in der Tat eine positive Wirkung in meiner optimistischen Lebenseinstellung. Ich benötigte für die Runde 123 Schläge, aber es machte mir überhaupt nichts aus.

Ich teile keineswegs die vom Lexikon verbreitete Definition des Begriffs Optimismus, nach der es sich hier um den Glauben handelt, daß die bestehende Welt zweckmäßig und gut sei. Zunächst einmal erweckt das Wort ›Glaube‹ in mir einiges Mißtrauen, welches ich keineswegs mit religiöser Gläubigkeit verwechsle. War es Lenin, der sagte, Kontrolle sei besser? (Oder Marx? Oder beide? Oder meinten sie gar nicht den Glauben, sondern Vertrauen?) Egal – vom Golf hatte Lenin keine Ahnung, was nichts daran ändert, daß er damit recht hatte: Kontrolle ist besser. Außerdem teile ich mit ihm die Ansicht, daß die bestehende Welt keineswegs zweckmäßig und gut sei. Sie ist allerdings durch ihn auch nicht besser geworden. Durch mich auch nicht.

Was die Zweckmäßigkeit angeht, so bin ich der Meinung, daß der Mensch sich weder psychisch noch physisch zu irgendeiner sportlichen Übung besonders eignet. Über die psychischen Mängel will ich mich nicht länger auslassen, weil die Hervorkehrung meines Seelenlebens wahrscheinlich sofort ganze Heerscharen von Psychologen und Psychiatern an meine Couch treiben und zu größtem Entzücken bringen würde.

Aber die physische Unzweckmäßigkeit des menschlichen Körpers kommt nirgendwo so zum Vorschein wie bei dessen Ertüchtigung, womöglich noch unter wettkampfmäßigen Bedingungen: Der Kopf beim Boxen ist weiter nichts als ein überflüssiges Ziel für den Gegner, der Busen beim Schwimmen zerstört die ideale Stromlinie, Kurvenläufer sollten links etwas kürzere Beine haben, solange der entsprechende Verband die Kurven linksrum laufen läßt – und Golfspieler? Ich vermag hier natürlich nur sehr subjektiv zu urteilen, aber eines ist sicher: An mir stimmt nichts! Meine Arme sind heute zu kurz und morgen zu lang; mein Kopf ist außerstande, die Augen fest auf den Ball gestellt zu halten; meine linke Schulter hindert mich an einem stilgerechten Ausschwung; meine Beine sind nie in der Stellung, wie sie eigentlich sein sollten. Von meinem Kreuz will ich lieber gar nicht erst reden.

Wie soll aber einer, der das alles weiß, eine ›weltzugewandte, heitere Lebenseinstellung‹ besitzen, ohne die man ein guter Golfspieler nicht werden kann? Es ist nämlich so, daß in dem Moment, in dem ich das Tee betrete, mein Nervensystem folgenden Befehl erteilt: »Achtung an alle! Dieser Idiot will jetzt gleich abschlagen und glaubt, daß er mindestens einhundertsiebzig Meter schafft. Nehmt euch zusammen!«

Die erste Rückmeldung kommt von den entsprechenden Drüsen: »Achtung! Wir melden Schweißausbrüche auf der Stirn, unter den Armen, an den Fingern und weiteren neuralgischen Punkten!«

Die nächste quäkt aus dem gesamten Muskelapparat: »Achtung! Wir raten dringend von allen abrupten Bewegungen ab wegen absoluter Übersäuerung und sich anbahnender Krampfbildung!«

Der Magen meldet: »Achtung! Starke Nervosität in allen Bereichen! Wir können den eruptiven Ausbruch einer Revolution nicht ausschließen!«

Schulter- und Rückenskelett warnen aufgeregt: »Das kann dieser Trottel doch jetzt unmöglich machen! Er wird sich mit neunundneunzigprozentiger Sicherheit mindestens drei Aduktoren abreißen! Wir bitten dringend um Aufschub!«

Die Lunge: »Achtung! Die Sauerstoffversorgung ist unzureichend. Kann denn niemand diesem Hornochsen mitteilen, daß er tiefer durchatmet!«

Ein Schließmuskel kommt endlich zu Wort: »Achtung! Flatus! Können nicht dafür garantieren, daß bei entsprechender Bewegung geräuschvolles Flatilieren ausgeschlossen ist!«

Das Herz: »Achtung! Melden doppelte Frequenz! Bei weiterer Überdrehung besteht Kollapsgefahr!«

Mundwinkel und Augenlider: »Achtung, Achtung! Momentanes Flattern! Wir finden keine logische Erklärung!«

Die Blase: »Ich muß Pipi!«

Mein Nervensystem leitet alle diese Nachrichten ins Groß- oder Kleinhirn, verarbeitet sie wie eine elektronische Anlage in Sekundenschnelle und kommt zu dem Schluß, daß trotz aller Gefahren nichts mehr gebremst werden kann. Um wenigstens das Schlimmste abzuwenden, werden Unmengen von Hormonen produziert, worauf sich die Augen melden: »Sage diesen Holzköpfen in der Nebenniere, daß wir nur noch Kringel und schwarze Nebelschwaden übertragen, wenn sie nicht gleich damit aufhören!« Aber es ist zu spät. Ich gehe hin und haue den Ball auf fünfundzwanzig Meter. Was meine optimistische Lebenshaltung anbetrifft, so geht sie ja in erster Linie meine Psyche an. Aber die hat die ganze Aufregung wieder einmal verschlafen.

Über Pros

Die Menschheit läßt sich ganz einfach in zwei Sorten einteilen: in solche, die dienen – und in solche, die diese Dienenden bezahlen; das sind dann meistens die, die bedient werden. Unter normalen Menschen können die Rollen stündlich wechseln. Ich diene beispielsweise unserem Bäcker (Metzger, Tankstellenmann, Finanzamtsinspektor), weil er vielleicht dieses Buch kauft, um einen öden Sonntagnachmittag totzuschlagen – er dient mir, indem ich einen Teil des sich auf außerordentlich komplizierte Weise errechneten Honorars in frischen Brötchen anlege. So geht das. Kürzer: Der, der jeweils gerade zahlt, hat das Sagen.

Von dieser zugegebenermaßen außerordentlich kapitalistischen Denk- und Handelsweise muß man einige Menschen ausnehmen. Nein – nicht die Politiker, die gerade das hohe Amt des Regierens ausüben: Die werden ja auch von mir bezahlt und haben sogar geschworen, mir – dem Volke – zu dienen. Das ist so, obgleich man es oft kaum glauben kann.

Nein – die Ausnahmen gehören einer tyrannischen Bruderschaft an und sehen es als Lebensaufgabe, Hilfesuchende zu drangsalieren, sie zu beleidigen und ihnen allen Lebensmut zu nehmen. Ich zähle dazu Reitlehrer (»Kaiser – Sie sitzen auf dem Bock wie ein vollgeschissenes Fragezeichen!«), Tennislehrer (»Dieses Spiel hat etwas mit Intelligenz zu tun, und Sie sind völlig ungeeignet!«), Skilehrer (»Wannst net glei deine Knuie zammbringst, nacher schleich di hoam!«) und Golflehrer, die sich ›Pro‹ nennen. Man geht als fröhlich Hilfesuchender zu diesen Mitmenschen und scheidet als Gedemütigter, als Nichtsnutz, Untalent und Belastung für den Rest der Menschheit. Und das, weil man seinen Spaß durch ein bißchen mehr Perfektion vergrößern wollte.

Natürlich kommen Golf-Pros meistens aus Schottland und haben in St. Andrews mindestens einen Onkel als Sekretär sitzen. Dagegen ist im Grunde nichts zu sagen; seit ich es gelernt habe, schottisches Englisch zu verstehen und schottische Whiskys auseinanderzuhalten, bin ich zu einem Fan dieser Landschaft geworden. Den ersten Fehler hatte ich bereits begangen, bevor ich zu diesem Pro ging: Ich hatte infolge eines Freundes, der einen Freund hatte, dessen Freund eine entfernte Beziehung zu einem Golf-schlägerhersteller besaß, einen halben Schlägersatz etwas verbilligt erworben – die Bälle hatten mir gutwillige Familienmitglieder zu Weihnachten geschenkt. Der Pro würdigte weder Schläger noch Bälle eines einzigen Blickes. Er sagte: »My friend – dieses sind Schlä-ger, wie sie von sehr alten Frauen benutzt werden, deren Lebens-inhalt durch die Rente eines Verblichenen und rheumatische Anfälle bestimmt wird. Und diese Bälle sind von jener Art, wie sie in Amerika benutzt werden – sie sind hier in Mitteleuropa nicht zugelassen!«

Ich schwieg schuldbewußt, worauf er mich mit der Mitteilung ermunterte, er wolle mir großzügigerweise einen kompletten Satz ordentlicher Schläger verkaufen, die speziell auf meine Bedürfnisse zugeschnitten seien. Und selbstverständlich fünf Dutzend richtiger Bälle. Er überzeugte mich schließlich mit der Zusicherung, mir einen guten Preis zu machen. Auf diese Weise besaß ich bereits eineinhalb Sätze Schläger, bevor ich auch nur ein einziges Mal einen Golfball zu schlagen versucht hatte.

Natürlich glaubte ich, mit dieser Ausgabe auch einen Freund eingekauft zu haben, getreu der eingangs erwähnten Maxime, daß der, der bezahlt, auch ein gewisses Recht auf freundliche Behand-lung verdient. Es war eine grauenvolle Fehleinschätzung. Er legte mir einen von diesen leichten Übungsbällen aus Plastik hin, die kaum zehn Meter weit fliegen und in einem Kleingarten durchaus ihre Berechtigung haben können, und sagte: »Swing!« Nachdem ich seiner Aufforderung nachgekommen war, blickte er mich mit einer Verachtung an, die so abgrundtief war, wie ich sie bislang nur im Kino gesehen hatte. So guckt sonst kein Mensch. Er sagte: »Sie sind sicherlich der untalentierteste Mensch, den ich je im Leben mit einem Golfschläger gesehen habe!« Er nahm mir den Schläger aus der Hand, um mir zu zeigen, welcher Art meine Ungeschicklichkeit sei. Seine Bewegung glich der Karikatur eines Golfspielers, einer schlechten. Ich war tief deprimiert und froh, daß keines meiner Kin-der dabei war. Sie hätten sich für so viel Erniedrigung ihres Alten geschämt.

In den kommenden Monaten habe ich viermal das Eisen 7 zertrümmert und ungefähr fünftausend Bälle auf die Übungswiese geschlagen. Hin und wieder gelang es mir tatsächlich, dreißig oder vierzig Bälle hintereinander so zu treffen, daß ich glaubte, ein klein wenig Anerkennung verdient zu haben. Aber wenn dieser unkäufliche Kerl aus dem schottischen Hochland sich mir widmete, fand er nur ein Wort: »Terrible!«. Wobei man wissen muß, daß die Schotten das ›rr‹ in ›terrible‹ ganz vorne mit der Zunge sprechen, was das Wort keineswegs angenehmer macht. Er verschob mir die Daumen auf dem Schlägergriff um Zehntelmillimeter, fand meine Beinstellung grotesk, monierte die Haltung meiner Schultern und hielt die Drehung meiner Hüften entweder für über- oder unterbetont. Wobei ich zugeben muß, daß mein verhängnisvoller Hang zur Fettleibigkeit in der Tat seinen stärksten Niederschlag in den Hüften findet.

Während andere Menschen, die weit nach mir damit begonnen hatten, bereits muntere Runden spielten und mir mit stolzem Glanz in den Augen davon berichteten, daß sie demnächst ein Handicap erhalten würden, prügelte ich rotberingte Range-Bälle, bis ich von roten Ringen träumte. Mit der Zeit hatte ich mich daran gewöhnt, woraus ich schloß, daß wahrscheinlich in jedem Menschen irgendwo ein kleiner Masochist vorhanden ist. Ich wurde darin noch bestärkt, als mir bei einer mehrwöchigen Reise etwas fehlte: Niemand bedachte mich mit verächtlichem ›terrible‹, keiner fauchte mich an, daß ich einen völlig falschen ›swing‹ hätte. Als ich heimgekehrt diesen Menschen anrief, um die nächste Stunde festzulegen, fühlte ich mich geradezu fröhlich. Genauso steht es in der Lehre des Herrn von Masoch. Es bereitete mir sogar Vergnügen, meinem Peiniger nachher das Geld für die fünfunddreißig Minuten in die Hand zu drücken. Nur in stillen Stunden überlegte ich mir, ob es nicht vielleicht besser wäre, doch einmal eine psychiatrische Behandlung in Anspruch zu nehmen.

Wenn man sich erst einmal damit abgefunden hat, seine Golfspielerlaufbahn den Rest des Lebens auf der Übungswiese zu verbringen, macht es einem kaum noch etwas aus. Ich ließ meine Wut an einem alten Autoreifen aus, den er mir immer wieder zur Verbesserung meines Schwungs anempfahl, er setzte mich auf einen Gartenstuhl, von dem ich in ungewohnter Position auch einmal den Driver benutzen durfte, und schließlich brachte er mich völlig aus der Fassung, als er eines Tages sagte: »Jetzt spielen wir ein paar Löcher wegen der Platzreife!«

Ich fühlte mich ungefähr so wie bei meinem ersten Rendezvous, welches seinerzeit mit einer etwas älteren Dame stattfand, die sich durch einen großen Busen auszeichnete, von der die anderen in der Klasse alle sagten, sie sei unheimlich wild – was aber mit dieser Geschichte nichts zu tun hat. Auf jeden Fall hatte ich schwitzige Hände, und der erste Abschlag vom Tee landete in einem etwa hundertfünfzig Meter entfernten Teich, der allerdings nicht zur ersten, sondern zur fünften Bahn gehörte. Ich sah das Wasser aufspritzen und war davon überzeugt, wieder zurück auf die Übungswiese geschickt zu werden. Er sagte aber nur: »Nicht schlecht!« Für die ersten beiden Löcher brauchte ich dreiundzwanzig Schläge, und nachdem ich beim dritten den Abschlag aufgrund einer himmlischen Fügung tatsächlich mitten aufs Fairway praktiziert hatte, drückte er mir die Hand und sprach mir einen Glückwunsch aus. Außerdem sagte er: »Das kostet vierundfünfzig Mark!« Als ich ihm, von innerem Glücksgefühl beseelt, das Geld gegeben hatte, fügte er noch hinzu: »Du wirst nie ein guter Spieler werden, weil du einen schrecklichen Schwung hast, die Beine idiotisch stellst, die Schulter nicht koordinierst und die blödeste Hüftdrehung machst, die ich je gesehen habe. Aber vielleicht hast du wenigstens ein bißchen Spaß dabei!« Seither darf ich also richtig spielen, so viel ich mag.

An manchen Tagen allerdings nehme ich wieder eine Lehrstunde bei diesem schottischen Kerl mit dem Onkel in St. Andrews und genieße es, wenn er für die Demoralisierung, die er mir zuteil werden läßt, auch noch bezahlt werden will. Wahrscheinlich habe ich tatsächlich einen kleinen Hau weg. Insgeheim glaube ich allerdings, daß es den anderen nicht besser geht.

Über Anzeichen

David Moses sagte, er könne den erstklassigen Spieler an der Stellung seiner Augen erkennen; Menschen mit eng zusammenliegenden Augen seien niemals imstande, Entfernungen richtig abzuschätzen. Sie würden das Fünfer nehmen, obgleich das Neuner ausreicht. Oder umgekehrt. Vielleicht hat David Moses recht, da es in der Tat recht selten vorkommt, erfolgreiche Zyklopen beim Golfspiel zu sehen. Die wichtigste Bedingung für einen erfolgreichen Spieler sind nach David Moses also nicht die leichte Hand und der richtige Schwung, sondern weit auseinanderstehende Augen. Mir gefällt die Erklärung, obgleich sie mich ein wenig traurig stimmt. Meine Augen liegen nämlich ziemlich dicht beieinander. Es ist also ein Geburtsfehler, daß ich nicht treffe. Dagegen kann man nichts machen.

David Moses war ein alter Pro. In seinem Gesicht hatte jeder vergebene Putt ein Fältchen hinterlassen, und in siebzig Jahren kommen da sehr viele ärgerliche Putts zusammen. Als er in Pension ging, die er in der Grafschaft Kerry in Irland zu genießen dachte, wurde er durch einen rüstigen Vierziger ersetzt, der auf den Namen John McCullum hörte. McCullum hielt die These von den eng zusammenliegenden Augen für schlichten Blödsinn. Er entwarf auf einer Papierserviette eine schematische Darstellung des menschlichen Skeletts unter besonderer Berücksichtigung des Schlüsselbeins. Er meinte, daß dieser Knochen zwischen Hals und Schulter bei jedem ein wenig anders angeordnet sei; er sagte, das Schlüsselbein müsse ein wenig weiter hinten sitzen, wenn der Träger desselben ein Handicap erreichen wolle, welches in der Nähe der Einstelligkeit liegt. McCullum fragte, ob er mich betasten dürfe, und sagte, nachdem ich ihm das gespannt erlaubte, nur »Ach-du-lieber-Himmel«. Es täte ihm leid, aber mein linkes Schlüsselbein sei nach einem offensichtlichen Bruch einmal schlecht zusammengewachsen und habe einen Knick, während das rechte zu weit vorne sitze. Mit solch einem extremen Schlüsselbein – so McCullum – prophezeie er mir ein Handicap um die 25 herum; mehr sei nicht drin. Ich war darüber nicht so sehr unglücklich: 25 ist immerhin noch besser als alles, was mir bisher gelang.

Warum John McCullum schon nach einer Saison wieder abgelöst wurde, wußte niemand so genau zu sagen. Die einen meinten, es sei eine Weibergeschichte mit der Gattin eines Vorstandsmitglieds, andere wußten von einer Kontroverse um die Beteiligung am Proshop. Auf jeden Fall war er weg. Für ihn kam Max Mährmann, der außerdem noch eine Ausbildung als Greenkeeper vorzuweisen vermochte, was sofort zu einem gespannten Verhältnis mit unserem Greenkeeper führte, der übrigens ebenfalls auf den Namen Max hört.

Herr Mährmann war nur bereit, sich die Sorgen seiner Schüler in den Unterrichtsstunden anzuhören, wenn er dafür bezahlt wurde. Ich trug mein Anliegen also während einer Stunde Lehrzeit beim Herrn Mährmann vor. Er lächelte über die Theorie mit den eng zusammenliegenden Augen und meinte, diesen Quatsch vom Schlüsselbein höre er wirklich zum ersten Male. Das sei doch alles nur ein Geschwätz von Wichtigtuern, die dem Bewegungsapparat des Körpers zu viel Bedeutung beimessen. Das Geheimnis des guten Golfes läge allein in der Seele des Menschen – oder genauer gesagt, in seiner charakterlichen Konstitution. Sanguiniker könnten beispielsweise sogar bis zu einem Handicap 20 kommen, Choleriker dagegen hätten nie eine Chance, unter 30 zu spielen. Am besten seien die Stoiker dran, denen die ganze Welt offenstehe, sofern sie sich auf dieses Spiel beziehet.

Ich suchte sofort einen Psychiater auf, der mir gegen ein hohes Honorar nachwies, ein Mensch mit stoischen Neigungen zu sein, der in gewissen Streßsituationen aber zu cholerischen Handlungen tendiere. Ich kann nicht sagen, daß mir dieses Wissen besonders viel weiterhalf. Herr Mährmann blieb ebenfalls nicht lange bei uns, was offensichtlich mit seinen ewigen Kontroversen mit dem Greenkeeper Max zusammenhing. Wie jedermann weiß, kann man einen Pro immer finden – ein guter Greenkeeper dagegen ist ein Juwel, welches man unbedingt halten muß.

Längere Zeit habe ich dann nicht mehr gefragt, wo die inneren oder äußeren Merkmale liegen, die einen guten Spieler ausmachen. Eher zufällig kam ich dann in Spanien mit einem sehnigen Herrn ins Gespräch, der zu diesem Thema spontan ausrief: »Es hängt mit der

Lage der Nieren zusammen, aber nur, wenn Sie ein harmonisches Elternhaus hatten?!« Meine Bemerkung, daß ich in den ersten Monaten meiner Betätigung mit dem Eisen Sieben über höllische Schmerzen in der Nierengegend geklagt hätte, machte ihn richtig froh: »Und zu Hause??« »Nun«, meinte ich, »richtig Krach habe ich eigentlich nie gehabt!« Dann, so sagte der sehnige Herr, habe er um meine Zukunft keine Angst – ich würde meinen Weg schon machen.

Daran denke ich jetzt bei jedem Triple-Bogey: An meinen Nieren und an meinem Elternhaus kann's nicht liegen.

Wie man einem Club beitritt

Der Beitritt in einen Golfclub gehört zu den fundamentalen Dingen des Lebens und ist höchstens mit jenen Vorgängen vergleichbar, die sich vor einer Eheschließung abspielen. Abweichungen dazu gibt es nur ganz zu Beginn: Golf ist in den seltensten Fällen eine Liebe auf den ersten Blick, sondern das Resultat einer langsam sprießenden Sympathie. Wie jedermann aus statistischen Erhebungen weiß, verspricht der zweite Fall im täglichen Leben eine weitaus dauerhaftere Bindung. Aber die Motivation soll gar nicht angesprochen werden: Es geht um den Ernstfall. Also keine Rede von zarten Blicken, Mondscheinsonaten, Theatereinladungen und Händchenhalten, womit derartiges angeblich immer beginnt, sondern sachliche Aussprache mit dem künftigen Schwiegervater über die anstehenden Probleme, die sich im Laufe der kommenden Jahrzehnte ergeben können.

Der Schwiegervater kann sich im Falle eines Golfclubs als ein Komitee von drei sehr seriös wirkenden Herren entpuppen, die für die Aufnahme neuer Mitglieder zuständig sind. Derjenige, der die Aufnahme begehrt, erinnert sich dunkel an Abitur, spätere Examen oder wenigstens die Führerscheinprüfung – vielleicht erinnert er sich auch daran, daß er damals beschloß, sich nie wieder vor eine solche Kommission zu stellen. Er könnte noch flüchten, tut's aber nicht. Kein Schwiegersohn flüchtet, nachdem er sich wochenlang zu der Entscheidung durchrang, um die zarte Hand anzuhalten.

Von immenser Wichtigkeit ist ohne jeden Zweifel die Garderobe. Ein dunkelblauer Zweireiher mag seine Vorteile haben, obgleich er nicht nur ein gewisses Konfirmanden-Image vermittelt, sondern auch einen Hauch von Unterwürfigkeit. Andererseits versprechen auch jene künstlich zerlumpten Jeans, die man oft sehen kann, keinen durchschlagenden Erfolg; sowohl Schwiegerväter als auch Aufnahme-Komitees haben nicht den geringsten Schimmer davon, daß solche Jeans oft teurer sind als ein Zweireiher. Kein treusorgender Vater wird seine sorgsam gehütete Tochter einem Menschen anvertrauen, der in solchen Klamotten auftritt. Anzuraten wäre vielmehr eine Kluft, wie man sie in Mode-Zeitschriften über englische Landlords sehen kann, die zwar einen Rolls Royce (Baujahr '34) fahren, aber gezwungen sind, das Schlafzimmer in ihrem Schloß neugierigen Besuchern gegen die Erstattung eines Unkostenbeitrags zur Besichtigung freizugeben. Krawatten sind empfehlenswert, aber keine mit diesen Phantasieornamenten aus italienischer Seide, sondern eher schlichte Clubstreifen mit einem einzelnen Elefanten, einem Vogel oder wenigstens den fünf Ringen, die einen als Mitglied des Internationalen Olympischen Komitees oder einer anderen exklusiven Vereinigung ausweisen. Natürlich schadet Pfeiferauchen nicht – allerdings ist in der gegenwärtigen Zeit darauf zu achten, ob das Schwiegervater-Komitee nicht der ständig wachsenden militanten Antiraucher-Bewegung angehört.

Hilfreich ist es in jedem Fall, Leute zu kennen, die über eine gewisse Popularität verfügen. Es macht keinen Sinn, darauf hinzuweisen, daß man beim Bäcker schon mehrmals neben der Frau des Präsidenten stand. Nützlicher wäre es beispielsweise, eines von diesen tragbaren Telefonen in der Rocktasche zu tragen, und wenn es plötzlich piept, nach einer kurzen Entschuldigung ein Gespräch mit dem Sultan von Bahrein zu führen: »Nein, lieber Freund, am nächsten Wochenende bin ich bei Gunther in Moritz, aber wie wäre es Ende September?« Und wenn das Gespräch beendet ist mit einer weiteren Entschuldigung: »Der gute Ali – er glaubt, weil er ein bißchen Öl hat, gehört ihm die ganze Welt! « Sinnvoll sind auch

Bekanntschaften mit den Mitgliedern der Regierungspartei und dem Vorstandsvorsitzenden jener Bank, bei der der Club die höchsten Kredite aufgenommen hat – weniger Eindruck macht meistens die Erwähnung von Schauspielern, Seiltänzern, Schriftstellern, Feuerschluckern und Angehörigen des fahrenden Gewerbes. Die erwähnten Telefongespräche lassen sich übrigens leicht bei einem Freund bestellen.

Natürlich kann man keinen Menschen für seinen Namen verantwortlich machen, aber es macht ganz einfach mehr her, wenn man nicht nur Meier heißt, sondern vielleicht Meier-Blomberg. Da es sich bei Schwiegervätern meistens um Menschen handelt, die älter als die Schwiegersöhne sind, könnte es nützlich werden, eine gewisse schwärmerische Vorliebe für längst vergangene militärische Auseinandersetzungen zu zeigen; falls man jedoch noch keine dreißig Jahre alt ist, ist da Vorsicht geboten.

Aufnahme-Komitees und Schwiegerväter erfahren bei solchen Gesprächen gerne etwas über die näheren Lebensumstände des Antragstellers. Dringend abzuraten ist dabei von detaillierten Schilderungen des Sex-Lebens, gerade noch überlebten Autounfällen, Gallensteinen und Offenbarungseiden. Derartige Dinge hinterlassen nur in seltenen Fällen einen positiven Eindruck. Auch der Hinweis, gerade eben ein neues Auto gekauft zu haben, gilt nicht als beeindruckend; die Herren haben in ihrem Leben mehr Autos verschlissen, als andere Leute Oberhemden. Der grundsätzliche Eindruck, den es zu hinterlassen gilt, zielt – neben der finanziellen Unabhängigkeit – auf eine simple Überlegung hin: Es ist gar nicht so, daß der Antragsteller unbedingt in den Club will – vielmehr muß der Club das allergrößte Interesse hegen, einen solch außergewöhnlichen Menschen zu den Seinen zählen zu dürfen! Wenn man das erreicht hat, ist man so gut wie drin. In vielen Fällen verlangt man zwei Bürgen, die seit langem als Mitglieder geführt werden und eine gewisse Reputation aufweisen. Obgleich hier die Parallele zu den Trauzeugen naheliegt, wäre es falsch, allzu leichtfertig vorzugehen. Trauzeugen kann man vor der standesamtlichen Zeremonie auf der Straße finden und einsetzen – egal, welchen Ruf sie haben. Die Bürgen im Club sollten nach Möglichkeit keine Beitragsrückstände haben, einem geregelten Berufs- und Eheleben nachgehen und bereits mindestens zwei von jenen Bänken gestiftet haben, die zum ruhevollen Warten an jenen Abschlägen aufgestellt sind, wo es sich beim Spielen immer staut. Das Finden solcher vertrauensvollen Personen kann sich mitunter als schwierig erweisen. Als Gewerbetreibender findet man vielleicht in der Kundenkartei einen, der es versäumte, eine längst fällige Rechnung zu bezahlen – als Anwalt ist es nicht schwierig, über einen was zu wissen – besonders leicht haben es Zahnärzte, weil Patienten angesichts einer heulenden Bohrmaschine alles versprechen. Eventuell liegt hier ein Grund dafür, warum so viele Zahnärzte und Anwälte in Golfclubs sind.

Es bleibt schließlich noch der Hinweis auf den Blumenstrauß, den ein angehender Schwiegersohn für die Schwiegermutter mitbringen sollte, wenn er beim Schwiegervater um die Hand seiner Liebsten anhält. Der Golfclub hat in der Regel den Vorteil, keine Schwiegermutter zu besitzen, womit man sich die Ausgabe für das duftende Gebinde erspart. Diese Ersparnis ist jedoch sehr relativ zu sehen, da das Komitee nur selten abgeneigt ist, eine finanzielle Spende entgegenzunehmen, die man gerade dringend für den Ausbau der Bunker oder neue Stühle im Clubhaus benötigt. Die Summe dieser Spende liegt meistens über den Kosten eines Blumenstraußes, ist aber im Gegensatz dazu steuerlich absetzbar.

Falls es nach Berücksichtigung aller dieser Hinweise schließlich gelungen ist, tatsächlich Mitglied in einem Club zu werden, verläuft der Rest recht undramatisch. Auch hier ist der Vergleich mit einer ordentlichen Ehegemeinschaft durchaus angebracht.

Über die Erinnerung der Muskeln

W enn ich es genau betrachte, war der Pro an allem schuld. Der Mann kam aus Schottland, war Linkshänder und sprach einen so schrecklichen Dialekt in solch phantastischem Tempo, daß er jeden Satz dreimal wiederholen mußte. Mit der Zeit hatte er sich an diese Wiederholungen gewöhnt, daß er auch ohne Rückfrage jeden Satz wiederholte. Zu mir sagte er damals: »Du mußt mindestens ein Eisen im Koffer haben, selbst wenn du nur einen Tag verreist bist. Und wenn es nicht in den Koffer paßt, mußt du eben einen größeren Koffer kaufen. Du mußt immer ein Eisen dabei haben, damit du mindestens eine halbe Stunde täglich üben kannst. Egal wo. Man kann überall üben. Im Büro, in Hotelzimmern, auf Hotelgängen – in der Eisenbahn, im Flugzeug. Du mußt immer den Schläger dabeihaben. Sonst werden deine Muskeln sich nicht mehr an den Schwung erinnern, wenn du wieder auf den Platz gehst – dann fängst du jedes Mal ganz von vorne an. Vergiß nie deinen Schläger!« So sprach er. Als ich das erste Mal mit dem Eisen Sieben an der Sekretärin vorbei ins Arbeitszimmer zu schleichen versuchte, lächelte sie verständnisinnig. Eine halbe Stunde später stand sie mit dem Ausdruck des Entsetzens im Gesicht in der Tür. Die Deckenleuchte, die ich sowieso nie leiden konnte, hätte sie mir sicherlich verziehen – auch das Divot, welches ich aus der teuren Auslegware geschlagen hatte, wäre reparabel gewesen – die teure Grafik an der Wand, die ich zum Jubiläum erhielt und die nun zerknittert aus den Scherben ragte, nahm sie zähneknirschend zur Kenntnis – aber daß der abprallende Ball auch jene Porzellanfigur zertrümmert hatte, die sie mir als ganz persönliches Geschenk zum letzten Geburtstag verehrte, ließ ihre bisher so gütige Sympathie innerhalb Sekunden in kalten Haß umschlagen. Sie sagte: »So!« Und gleich noch einmal: »So!« Dann knallte sie die Tür zu und benutzte zum letzten Male ihre Schreibmaschine: für das Kündigungsschreiben.

Seither versuche ich, die Schreibarbeiten selbst zu erledigen. Aber hier liegt nicht das Problem – das liegt vielmehr darin, daß mein Büro zu niedrig ist. Vielleicht ist auch mein Schwung zu steil. Ich habe das umzustellen versucht mit dem Erfolg, daß ich die

Divots jetzt nicht nur in der teuren Teppichware, sondern auch in der Zimmerdecke habe.

Im Flugzeug wurde ich vom Copiloten und dem Steward überwältigt, als ich in der Nähe der Toiletten üben wollte – dabei hatte ich nur einen simplen Chip versucht. Immerhin gelte ich seither in der Geschichte der Luftfahrt als der einzige Passagier, der eine halbe Stunde lang versucht haben soll, eine Maschine mit dem Eisen Acht in seine Gewalt zu bekommen. Zu meiner Entlastung muß ich noch vorbringen, daß der Ball wunderbar gerade ins Cockpit rollte und dort offensichtlich vom Piloten aufgesammelt wurde, obgleich er sich noch in Bewegung befand (der Ball – nicht der Pilot). Der Mann hatte offenbar keine Ahnung vom Golf.

Vom Experiment in der Eisenbahn muß ich jedem abraten. Ein leeres Abteil ist zu klein – außerdem ist das Fenster längst nicht so stabil, wie man es erwarten könnte. Da der Fahrtwind auf die Dauer vor allem im Winter störend wirkt, bin ich in ein anderes Abteil gezogen. Über ein kleines Training in einem von diesen modernen TEE-Wagen will ich nur sagen, daß die Mitreisenden überhaupt kein Verständnis für mich aufbrachten. Hervorragend eignete sich der Hotelgang, sowohl in der Höhe wie auch in der Breite, um meinen Muskeln den Schwung in Erinnerung zu halten. Die anderen Gäste, die es vielleicht als störend empfanden, reagierten zumindest auf dem Gang zurückhaltend, wie es dem gediegenen Stil des Hauses entsprach. Der Hotelmanager tauchte erst auf, als ich unglücklicherweise und mit dem Ausdruck tiefsten Bedauerns dem Etagenkellner ein mindestens dreigängiges Menü von seinem fahrbaren Tischchen geschossen hatte. Aber er war auch wirklich sehr unverhofft um die Ecke gekommen, der Kellner. Ich zog mich daraufhin ins Zimmer zurück. Es gab einige Telefonanrufe von Bewohnern der Zimmer über und unter mir. Dem Hoteldetektiv, der in Begleitung von zwei stämmigen Polizisten erschien, gab ich zu verstehen, nie mehr in diesem Hause abzusteigen. Diese zornige Äußerung hinterließ allerdings keineswegs die von mir erhoffte Betroffenheit, sondern lediglich eine sichtliche Erleichterung.

Während des vergangenen Winters geschah es während der Literatur eines umfassenden Werks zum einzig wichtigen Thema dieses Lebens, daß ich mein bescheidenes Heim als Übungsplatz entdeckte. Jenes umfassende Werk, welches den Schwung als solchen behandelte und das über vierhundert Seiten umfaßt, vermittelte mir eine Erkenntnis, die nach sofortiger praktischer Ausübung geradezu schrie. Ich erhörte den Schrei, und da ich einen Erinnerungsverlust meiner Muskeln befürchtete, griff ich wiederum zu Eisen Sieben – übrigens einem neuen Exemplar, da das alte sich den Beanspruchungen nicht gewachsen gezeigt hatte. Die Probeschwünge bereiteten mir viel Freude – die Vase aus der Zeit des Jugendstils, die die Tante uns einst mit der Versicherung überlassen hatte, sie würde unter Kennern gut und gerne mit zwei Mille gehandelt, konnte ich sowieso nie leiden. Ich ärgerte mich höchstens ein wenig darüber, diesen häßlichen Pott nicht längst zum Antiquar getragen zu haben – man hätte dafür schon fast einen neuen Schlägersatz kaufen können. Nachdem ich die Scherben zusammengefegt hatte, konnte ich es mir nicht verkneifen, wenigstens einen einzigen Ball zu schlagen: Er hinterließ ein häßliches Loch in einem hundert Jahre alten Schrank aus angeblichem Birnbaum. Derartige Löcher lassen sich als Folgen eines neuen Schwungs weitaus weniger unauffällig beseitigen als Scherben. Meine Lebensgefährtin, die kurz darauf nach Hause kam, entdeckte die Schwungspuren sofort und war ungefähr dreißig Sekunden sprachlos. Dann sagte sie: »So!« Und zwar etwa im gleichen Tonfall wie die eingangs geschilderte treue Mitarbeiterin. Allerdings sprach sie keine Kündigung aus – zumindest habe ich derartiges nicht wahrgenommen, weil ich mich zum weiteren Studium jenes Bandes über den einzig wirklichen Schwung in mein eigenes Gemach zurückzog. Bei nächster Gelegenheit – das heißt, die Lebensgefährtin war außer Hauses – habe ich jenes Birnbaummöbel immerhin zuvor an die andere Wand geschoben; dazu auch einen niedlichen Schreibtisch, einen weiteren Tisch, einen antiken Stuhl, die Bilder hängte ich ab, um so meinen guten Willen für ein friedfertiges Zusammenleben zu dokumentieren. Die Sessel ließ ich stehen, da ihre erstklassige Polsterung den Aufprall dämpfen würde. Ich muß zugeben, daß der Wandverputz etwas litt, aber die Spuren waren meines Erachtens geringfügig – vor allem, wenn man daran denkt, daß man nachher den Schrank davorschieben konnte, um die

Zeugen meines Schwungs und meiner Muskelerinnerung weitgehend unsichtbar zu machen.

Leider kam die mehrfach erwähnte Lebensgefährtin nach Hause, als ich gerade das Wedge ausprobierte – übrigens mit sehr gutem Erfolg. Sie holte auf jene Art hörbar die Luft ein, die ich noch nie leiden konnte – schon gar nicht, wenn man dasteht und den Ball anspricht. Trotz dieser Störung schlug ich sehr sauber – es rieselte Mörtel von der Wand. Sie machte wieder: »So!« Meine Versicherung, ich würde dafür sorgen, die gegenüberliegende Wand unseres Wohnzimmers in Zukunft mittels großer Schaumgummiplatten zu schützen, nahm sie kaum zur Kenntnis. Ich versuchte ihr außerdem klarzumachen, wie wenig ein Mensch zum wahren Glück benötigt: ein Bett, ein Tisch, ein Schrank, vielleicht ein Telefon und eventuell ein Fernseher, weil man ja die Übertragung vom Masters anschauen muß – was benötigt einer mehr, wenn sein Schwung in Ordnung ist!? Ich glaube, sie entwickelte für meinen Sinn für das bescheidene Leben nicht das richtige Verständnis. Selbst dem wichtigen Hinweis auf die Muskeln, die die Erinnerung an den richtigen Schwung allzu schnell verlieren, wenn man nicht immer wieder übt, vermochte sie nicht zu folgen. Sie verließ wortlos den Raum.

Ich habe mittlerweile nicht nur die eine Wand, sondern auch die anderen mit dickem Schaumgummi versehen. Die sich aufdrängende Parallele zu einer Gummizelle, wie man sie angeblich in manchen Häusern eingerichtet hat, vermag mich nicht zu berühren – schon gar nicht angesichts dieser hervorragenden Erfindung, die ich meiner Phantasie zugute halte. Ich habe den ganzen Winter in relativer Ruhe den Schwung geübt und dabei noch eine Reihe weiterer hervorragender Bücher zum einzig wichtigen Thema studiert. Ich glaube allerdings zu wissen, warum doch so viele Leute bei diesem Spiel einen zu flachen Schwung entwickeln: Es muß daran liegen, daß ihre Wohnzimmer daheim nicht hoch genug sind. Es müssen mehr golffreundliche Zimmer gebaut werden – nicht unter einer lichten Höhe von drei Metern und fünfzig Zentimetern. Ich bin davon überzeugt, daß sich das Niveau des richtigen Schwungs dann schlagartig verbessern würde. Was übrigens meine Lebensgefährtin angeht: Ich habe sie seither nicht mehr gesehen.

Über das Bällesuchen

Alle Welt redet davon, mit welch schönem satten Knall ein Golfball seinen Flug beginnt. Zuschauer amüsieren sich über mißlungene Schläge und addieren die Quadratmeterzahlen des herausgeschlagenen Rasens. Aber kein Mensch nimmt Notiz vom wirklichen Problem jedes Anfängers und – Gott sei Dank – auch vieler Fortgeschrittener: Die meiste Zeit verbringt ein Golfspieler damit, seinen Ball zu suchen. Dieses ist eine Beschäftigung, die keineswegs mit dem österlichen Vergnügen zu vergleichen ist, welches gartenbesitzende Eltern ihren Kindern bereiten, wenn sie buntgefärbte Eier zwischen den sprießenden Tulpen verstecken. Obgleich es auch hier schon vorgekommen ist, daß gefülltes Silberpapier erst im Spätherbst gefunden wurde, darf man davon ausgehen, daß das in erster Linie einer schusseligen Vergeßlichkeit zuzuschreiben ist. Die Suche nach einem Golfball hat nichts mit Vergeßlichkeit zu tun, sondern mit geheimnisvollen Kräften, von denen sich unsere Physik nichts träumen läßt.

Es ist nämlich so, daß Golfbälle von manchen landschaftlichen Gegebenheiten und biologischen Tatsachen ganz besonders angezogen werden. Am einfachsten ist noch die Sache mit einem Gewässer, wobei es sich sowohl um einen stillen Teich als auch um einen strömenden Bach handeln kann; selbst Pfützen, die als temporäres Hindernis gelten, sind da nicht ausgeschlossen. Kurz: Der Ball fliegt nicht nur oft, sondern immer ins Wasser. Auf jenem Kurs, auf dem ich mir nach Möglichkeit täglich meine Depressionen abhole, befindet sich beispielsweise mitten in der fünften Bahn ein ungefähr kreisrunder Trichter mit einem Durchmesser von etwa fünfzig Metern. Es ist anzunehmen, daß in diesem Teich jährlich ungefähr dreitausend Bälle spritzend verschwinden. Ich möchte nicht ausschließen, daß der Pro oder der Greenkeeper über eine komplette Tiefseetauchausrüstung verfügen, mittels der sie in lauen Sommernächten hier tätig wurden und sich im Laufe der Zeit ein beträchtliches Kapital zusammenklaubten. Das Segensreiche an dieser Tätigkeit soll man nicht übersehen: Dieser schreckliche See wäre sonst längst mit Bällen aufgefüllt worden, wodurch nicht nur eine Überschwemmung eingeleitet worden wäre, sondern auch das Ende eines interessanten Feuchtbiotops. Ich war dabei, als jemand neun Bälle hintereinander in dieses Gewässer hieb (Eisen Sieben) und bin davon überzeugt, daß die Anziehungskraft von Sonne und Mond, die am Meer die Gezeiten steuert, hier mitspielt. Ein zum Phlegma neigender, freundlicher junger Mann aus einer nördlichen Provinz soll an dem Teich einmal sein komplettes Besteck nebst Bag ins Wasser geworfen haben; später unternahm er in der Unterhose einen erfolgreichen Tauchversuch – aber nur, um aus der Tasche den Autoschlüssel zu holen. Dann warf er sein Zeug zum zweiten Male hinein.

Um das hier nur bedingt relevante Thema der Gewässer abzuschließen: Man sieht es spritzen und weiß, der Ball ist weg. Es erübrigt sich also die Sucharbeit – es ist ein herber, aber schneller Abschied von einem Fünfmarkobjekt. Manchmal kann es auch ein bißchen teurer sein. Die neun Bälle damals (Eisen Sieben), die ich in den Teich hieb, bereiteten mir ein Aqua-Trauma, welches dazu führte, daß ich monatelang selbst eine Dusche nur widerwillig betrat.

Die Ballsuche findet in Büschen, Brennesselgestrüpp, hohem Gras, halbhohem Gras, unter lichten Laubwäldern und dichten Tannen statt. Ich weiß, daß diese Liste nicht komplett ist. Das von Spaziergängern im Herbst so gelobte farbige Laub, die eben gemähten Grasschwaden, der Rauhreif auf dem Rasen: Es gibt nichts, worin ein Golfball nicht plötzlich verschwinden könnte. Meistens allerdings auf der rechten Seite des Fairways. Das liegt daran, daß jeder einen Slice schlägt – das ist, wenn der Ball nach rechts driftet. Es soll Golfspieler geben, die in vier Jahrzehnten nie die linke Kante eines Fairways erlebten.

Natürlich schreiben die Regeln vor, daß man nicht länger als fünf Minuten einen Ball suchen darf. Aber genauso natürlich ist das ein großer Blödsinn, wenn man morgens in aller Herrgottsfrühe alleine unterwegs ist: Wer will einem denn verbieten, so lange zu suchen, wie man möchte? Aus diesem Grunde tragen viele einsame Spieler selbst bei sommerlicher Hitze Hosen aus undurchlässigem Plastik; es ist ihnen dann ein leichtes, selbst in unangenehmen Nesseln herumzuwaten oder ewig feuchte Gräben abzusuchen.

Golfbälle haben die bekannte Eigenschaft, selbst auf einem schönen Fairway nie so zu liegen, wie man gerne möchte. Diese Eigenschaft legen sie selbstverständlich auch dann nicht ab, wenn sie ins Rauhe (rough) fallen oder rollen. Sie passen sehr gut in Mäuselöcher oder unter ein einsam daliegendes Blatt. Falls man sie tatsächlich findet, liegen sie in einer Mulde, aus der sie nicht einmal Jack Nicklaus herausbekommen würde; aber meistens findet man sie nicht.

Außerordentlich spannungsreich ist es, wenn der Ball zwar gut getroffen wurde, aber aus unverständlichen Gründen eine nicht vorgegebene Richtung einschlägt. Beispielsweise in eine völlig unmotiviert dastehende Baumgruppe. Jeder hofft in diesem Fall zunächst, daß ein Wunder geschieht: Daß der Ball nur leise einige Blätter küßt, um dann unter Vermeidung des Kontaktes mit irgendwelchen Ästen auf der anderen Seite wieder herauszufallen. Derartiges geschieht nie. Es macht etwa ein halbes Dutzend Mal »knack-knack-knack-knack« und der Ball ist weg.

Das Suchen eines Balles im Wald – egal ob Laub oder Nadel – ist eine Sache des gottgegebenen Talentes; nur zu vergleichen mit dem Suchen von Pilzen oder, wie man im Bayerischen sagt, von Schwammerln. Es gibt Menschen, denen wachsen die Pilze unter den Händen empor – selbst dort, wo andere gerade eben suchend entlanggegangen sind. Sie brauchen nur solche unfallträchtigen Orte aufzusuchen und einen Moment still zu verharren; spätestens nach zwanzig Sekunden liegt neben ihrem Schuh ein Ball, was sie erfreut kundtun – selbst wenn es nicht der eigene ist. Ich gehöre nicht zu diesen Menschen. Ich gehöre auch nicht zu jenen, die Pilze finden. Ich habe mich schon völlig erschöpft in den Schatten sehr schöner Bäume gesetzt, um ein wenig zu rasten von der anstrengenden Sucharbeit; wenn dann einer von jenen mit Talent gesegneten Menschen vorbeikam, konnte ich sicher sein, daß er nach Entbietung der Tageszeit auf eine höchstens zwei Meter entfernte Stelle zeigte und sagte: »Gehört Ihnen der Ball hier?« In einem solchen Falle findet in meiner sonst recht großzügigen Seele ein ebenso grausamer wie blitzschneller Kampf statt: Soll ich einfach ›Ja‹ sagen, selbst wenn mir diese Murmel nicht gehört? Oder soll ich den Gleichgültigen spielen, der mit einem Schulterzucken verneint, weil er nicht zugeben mag, die Kugel in diese unwirtliche Gegend geschlagen zu haben? Es fällt mir schwer zuzugeben, daß ich diesen Kampf meistens verliere. Dann habe ich einen Ball mehr, was mir übrigens nur geringfügige Gewissensbisse verursacht, da ich sicher sein kann, ihn bald wieder zu verlieren.

Leider ist das Phänomen des Bällesuchens im Golf statistisch überhaupt nicht ausreichend untersucht worden. Aufgrund eigener Forschungen bin ich da zu interessanten Ergebnissen gekommen. Gesetzt den Fall, ich würde achtzehn Löcher in – sagen wir – fünfundneunzig Schlägen zurücklegen, wobei ich den Ball kein einziges Mal aus dem Gesichtsfeld verliere, dann müßte ich in etwa zweieinhalb Stunden die Runde absolviert haben. Da ich das bei meinen einsamen Versuchen aber nie unter dreieinhalb bis vier Stunden schaffte, kann man davon ausgehen, daß ich etwa ein Drittel meiner Zeit damit verbracht habe, Bälle zu suchen. Ich habe dabei sehr interessante Beobachtungen in Fauna und Flora gemacht. Das ist wahrscheinlich das Gesunde am Golfspiel. Außerdem lebt davon die ballherstellende Industrie.

Wie man einen Putter erwirbt

Um es gleich vorweg zu sagen: Ich habe drei Putter. Das heißt, es sind eigentlich nur noch zwei, denn den einen habe ich damals einer Dame überlassen, mit der ich auch in meinem unbedeutenden außergolferischen Leben einiges teile. Sie ist der Meinung, daß ich ihn ihr geschenkt habe, was aber nicht meinen Gewohnheiten entspricht. Man verschenkt keinen Putter. Selbst dann nicht, wenn man sich über ihn geärgert hat. Bei diesem handelte es sich um ein ganz besonders launisches Exemplar; an manchen Tagen vermochte ich an ihm sogar eine abgrundtiefe Gehässigkeit zu entdecken, die im Laufe der Tage auf Gegenseitigkeit beruhte. Deshalb habe ich ihn also hergeliehen.

Den zweiten Putter würde ich eventuell verkaufen, weil es mir nie gelang, zu ihm ein besonderes Verhältnis zu entwickeln. Nicht einmal Abneigung – er ist mir egal, was ja noch schlimmer ist. Es handelt sich um eines von diesen breiten Dingern, die seinerzeit plötzlich modern waren, nachdem ein recht bekannter Spieler namens Jack Nicklaus mit einem ähnlichen Gerät das Masters gewann. Das mangelnde persönliche Verhältnis zu diesem Putter beruht auch auf der Tatsache, daß ein Freund anrief, der sich unter anderem vom Handel mit solchen Puttern ernährt. Er meinte, ich müsse diese völlig neuartige Konstruktion unbedingt ausprobieren – er könne mir mindestens zehn Putts auf der Runde weniger garantieren. Dieser Argumentation vermochte ich mich nicht zu entziehen. Außerdem sprach er von einem guten Preis, den er mir machen würde – ich glaube, es waren um die zweihundert Mark, die ich übrigens der weiter oben erwähnten Dame lieber verschwieg. Ich lernte aus diesem Erlebnis, daß man nie einen Putter kaufen sollte, den man vorher nicht sah oder in die Hand nahm. Genausogut könnte man sich auch eine Geliebte zulegen, die einem per Telefon ohne Augenschein aufgeschwatzt wird. Wobei ich gerne zugebe, daß diese Parallele ein wenig gewagt ist: Bisher hat auch der beste Freund noch nie versucht, mir fernmündlich eine Geliebte anzudrehen. Was diesen Putter anbetrifft: Er kam in dieser länglichen Schachtel mit beiliegender Rechnung und erregte mich in seiner stumpfen

Schwärze kein bißchen. Ich glaube, ich habe ihn zweimal benutzt und jedesmal hat's geregnet – typisch. Und zehn Putts gespart habe ich auch nicht.

Den Putter, zu dem ich ein innigliches Verhältnis hege, sah ich erstmals bei einer von diesen Ausstellungen, auf denen mindestens hunderttausend Schläger ausgestellt werden, deren Hersteller immer darauf hinweisen, daß ihr Produkt ·in irgendeiner Weise einmalig und unübertroffen ist. Natürlich nahm ich ihn nicht gleich zur Hand, sondern mimte mit gelangweilter Miene Gleichgültigkeit. Ich betrachtete eine Reihe von Schlägern, die ich nie und nimmer haben wollte, was dem herstellenden Händler oder handelnden Hersteller eine gewisse Aufmerksamkeit abnötigte, welche sich aber schnell abkühlte, als ich ihm zu verstehen gab, daß ich weder einen Sportartikelladen noch einen Proshop betreibe. Immerhin bot er mir eine Tasse Kaffee an, die auf solchen Messen immer in meist sehr schlechter Qualität offeriert werden – ich revanchierte mich mit einer Zigarette. Ich kann nicht sagen, daß das Gespräch mit jenem Hersteller besonders ergiebig gewesen wäre – ich hatte sogar das Gefühl, er wäre froh, wenn ich wieder ginge. Ich wäre auch gegangen, wenn da nicht dieser Putter an der Wand gelehnt hätte. Um überhaupt etwas zu tun, nahm ich einen ganz anderen Putter zur Hand und meinte, der sei ja ganz hervorragend. Dann noch einen und noch einen. Ich gewann den Eindruck, daß das geringe Interesse des Händlers an meiner Person nur noch aus dem Mißtrauen bestand, einen gesuchten Putter-Dieb in der Nähe zu haben. Ich ließ mich davon nicht beeindrucken. Schließlich nahm ich mit gespieltem Desinteresse wie beiläufig jenes Stück in die Hand, das auf den ersten Blick meine Aufmerksamkeit erregt hatte. Ich sagte wieder, daß er – der Putter – ja ganz originell sei. Und da der Hersteller und/oder Händler da eine Matte mit Loch ausgelegt hatte, probierte ich es einmal. Von zehn Versuchen landeten acht im Loch – ich hatte Mühe, mein unstillbares Verlangen nach diesem Putter zu verbergen. Ich sprach vom Wetter, von einem lange zurückliegenden Autounfall, der Wirtschaftslage auf dem Sportartikelmarkt und fragte schließlich nebenbei, was dieses Ding da denn kosten soll. Seither haben wir uns nicht mehr getrennt. Ich muß dazu erklären, daß der Kopf dieses Putters aus einem gebogenen Rohr besteht – ähnlich jenen, mit denen man Wasserleitungen ins Haus legt. Ich bin deswegen verlacht und geschmäht worden – man fragt mich, ob dieses Gerät von einem Klempner hergestellt wurde, oder ob ich es in emsiger Heimarbeit selbst bastelte. Es ist mir egal. Mein Putter und ich sind sehr glücklich miteinander, und wir haben beschlossen, uns nie zu trennen.

Über karierte Hosen

Selbstverständlich spricht überhaupt nichts dagegen, daß erwachsene Männer in karierten Hosen herumlaufen. Farbenfrohe Beinkleider lassen sich als ein Zeichen gewachsener Emanzipation betrachten: Warum, zum Teufel, sollen nur die Damen sich auf diese Art schmücken dürfen? Warum ihnen den Farbtupfer im eintönigen Grün einer Landschaft allein überlassen? Von den Männern aus Schottland weiß man, daß sie nicht nur grün-gelb-rot-blau-kariert herumlaufen, sondern auch im schicken Wickelrock. Das kann seine Gründe in der besonders tristen Landschaft haben, die solche Tupfer nötig hat, das kann auch an den besonders schönen Beinen schottischer Männer liegen, die man der Allgemeinheit keinesfalls vorenthalten will, es kann auch an dem hohen Emanzipationsgrad der Herren dort liegen, welcher sich beispielsweise auch darin ausdrückt, daß sie in manchen Clubs keine Damen zulassen.

Es spricht, wie gesagt, nichts dagegen, daß Männer in karierten Hosen herumlaufen; selbst dort, wo man mit der Emanzipation des Mannes noch nicht so weit fortgeschritten ist.

Natürlich ließe sich auch über die kurzen Hosen von Fußballspielern diskutieren: Ist es mit der Contenance eines gehobenen Bürovorstehers zu vereinbaren, in kurzen Hosen hinter einem Ball herzulaufen? Soll man in dieser Berufskleidung gar seinen Lebensunterhalt verdienen? Nun gut: Der ziemlich bekannte Fußballspieler Franz Beckenbauer hat es in Shorts zu einigem Ansehen und auch Wohlstand gebracht, so daß man es ihm nachsehen konnte, daß er sich als späterer Golfspieler schnell in die Karierten warf. Er war das

Außergewöhnliche bereits von Kind an gewohnt. Aber was ist davon zu halten, wenn ein nadelstreifengewohnter Mensch wie etwa der einstige Bundespräsident Walter Scheel plötzlich in buntkarierten Hosen herumläuft? Kann das zum Ansehen der Republik beitragen?

Bei Betrachtung dieses Problems stößt man zunächst auf das Fehlen einer einheitlichen Sportkleidung im Golfspiel. Andere vermögen sich aufgrund wunderbarer Traditionen auch auf diesem Gebiet klar zu definieren. Jedermann weiß, worum es sich beim sogenannten ›weißen Sport‹ dreht. Der rote Rock der Reiter ist ein vertrautes Bild so wie die Badehose. Im Golf pflegt man grundsätzlich in jenen Klamotten herumzulaufen, die im Proshop im letzten Herbst-Ausverkauf besonders preiswert zu erstehen waren; es sei denn, man gibt für den Kaschmir einen runden Tausender aus. Aber die Hosen der Männer sind kariert – und zwar großkariert. Es wäre noch zu verstehen, wenn irgendwelche Regeln das zwingend vorschreiben würden. Aber die Gesetze dieses Spiels, die nun wirklich jede Eventualität berücksichtigen und von einem Kreis ehrwürdiger Lords im schottischen St. Andrews abgesegnet wurden, weisen mit keiner Silbe auf karierte Hosen hin. Wahrscheinlich könnte kein Mensch etwas dagegen haben, wenn man seine Runde in Badehosen absolviert (natürlich nur die Männer!), zumindest habe ich nirgendwo ein ausdrückliches Verbot gefunden.

Nichts gegen karierte Hosen. Aber ich muß darauf hinweisen, daß man beim Brötchenholen in der Bäckerei damit für einiges Aufsehen sorgen kann. Dagegen kümmert sich keine Sau um einen Jogger, der in schlichten Shorts schweißtriefend sein Frühstück einkauft. Auch der Besuch in einem Bankinstitut in karierten Hosen trägt keineswegs zur Kreditwürdigkeit bei, man gerät vielmehr in den Verdacht, durch diese heitere Farbkomposition an den Beinen eine gewisse Sorglosigkeit zur Schau tragen zu wollen; und wenn die Bankbeamten eines nicht leiden können, dann ist es Sorglosigkeit. Und, gesetzt den Fall, es käme jemand auf die Idee, in solchem Aufzug um die Hand meiner Tochter anzuhalten, würde ich wahrscheinlich um die Zukunft meines Kindes in sorgenvolle Gedanken verfallen. Dabei ist natürlich nichts gegen karierte Hosen zu sagen.

Kein Mensch vermag darüber Auskunft zu geben, warum die Herren beim Golf karierte Hosen tragen. Es läßt sich bezweifeln, ob da von einer über Jahrhunderte gewachsenen Tradition gesprochen werden kann. Auf alten Fotos tragen sie nämlich sehr kleidsame Knickerbocker, bei denen die schöne männliche Wade sehr hübsch zur Geltung kommt. Es muß irgendwann einmal eine historische Stunde gegeben haben, in der einem, als Meinungsführer anerkannten Golfspieler mit entsprechendem Ruhm und Popularität, alle anderen Hosen schmutzig geworden oder kaputtgegangen waren. Und weil er keine anderen dabei hatte, gab er das als den letzten Schrei der Golfmode für Herren aus. Man weiß ja, wie so etwas geht.

Um nicht falsch verstanden zu werden: Selbstverständlich habe ich überhaupt nichts gegen karierte Hosen. Heutzutage schon gar nicht, wo man sie in jedem Modejournal findet. Aber was sollen sie dann noch auf dem Golfplatz?

Über die Psychologie der Löcher
(geklaut bei Kurt Tucholsky)

Ein Loch ist da, wo etwas nicht ist.

Das ist normalerweise richtig, aber da im Golf nichts normal ist, ist hier, wo nichts sein sollte, eine Stange mit einer Fahne dran. Das Loch hat also einen materiellen Kern und ist demzufolge kein richtiges Loch.

Das Loch ist ein ewiger Kompagnon des Nicht-Lochs: Loch kommt allein nicht vor, so leid es mir tut. Nach den neuesten Erkenntnissen müßte man das Universum als gewaltiges Loch bezeichnen, in dem verschiedene Staubpartikel herumfliegen, von denen mit Sicherheit eines sogar bewohnt ist. Aber da man im All bisher nicht Golf spielte, ist diese Bemerkung für die Geschichte völlig irrelevant. Obgleich es eine hübsche Vorstellung wäre, daß dort oben ein Golfball herumschwirrt und sein Loch sucht, in dem er sich bereits befindet.

Wäre überall etwas, dann gäbe es kein Loch, aber auch keine Philosophie und erst recht keine Religion, als welche aus dem Loch kommt. Die Maus könnte nicht leben ohne es, der Mensch auch nicht: Es ist beider letzte Rettung, wenn sie von der Materie bedrängt werden. Loch ist immer gut.

Wenn der Mensch ›Loch‹ hört, bekommt er Assoziationen: Manche denken an Zündloch, manche an Knopfloch und manche an Goebbels. Unsereiner denkt an das fünfte Loch, vor dem er gestern drei Bälle im Teich versenkte, und schimpft sich insgeheim ein Arschloch, weil er anstatt Löcher in seinen angespannten Finanzen zu stopfen, schon wieder von Loch zu Loch wandert. Er betreibt gerade ein Lochspiel im Gegensatz zum Zählwettspiel, bei welchem man allerdings ebenfalls auf Löcher spielt.

Das Loch ist der Grundpfeiler dieser Gesellschaftsordnung, und so ist sie auch. Alle anderen Ordnungen sind ähnlich zu betrachten, auch die Golfordnung, in der einem vorgeschrieben wird, mit wieviel Schlägen man einzulochen hat, obgleich das die meisten Menschen eh nicht schaffen und sich deshalb vor Scham am liebsten in das nächste Loch verkriechen möchten. Aber es bleibt ihnen nur die Möglichkeit, ein Loch zurückzustecken, um am neunzehnten Loch wie ein Loch zu saufen, bis ihnen der Wirt zeigt, wo der Zimmermann dasselbe gelassen hat. Am nächsten Tag denkt dieser Mensch, ob er nicht wenigstens neun Löcher probieren sollte, aber da er gerade auf dem letzten pfeift, bleibt er in seinem Loch zu Hause.

Das Merkwürdigste an einem Loch ist der Rand. Es gehört noch zum Etwas, grenzt aber gleichzeitig das Loch ein. Der Rand des Loches sieht also beständig ins Nichts und darf deshalb als Grenzwache der Materie betrachtet werden. Das Loch seinerseits hat offensichtlich keine Grenzwache. Das kann aber auch täuschen: Wenn beispielsweise eine taubeneigroße Murmel genau auf dem Rand des Loches liegenbleibt, was immer wieder vorkommt, dann kann keiner sagen, welche Moleküle dafür verantwortlich zu machen sind. Sind es die Moleküle des Loches, die die Kugel abwehren, oder sind es jene der Materie rund um das Loch, die sie zurückhalten. Der Kugel selbst macht es nie etwas aus, in das Loch herabzuschauen; sie ist schwindelfrei.

Das Loch ist statisch; Löcher auf Reisen gibt es nicht. Fast nicht. In der Philosophie der Löcher wird immer wieder gefragt, wo denn ein Loch bleibt, wenn man es zugestopft hat. Diese Frage ergibt sich beim Golf nicht, weil das vor allem am Rand strapazierte Loch alle zwei Tage zugestopft wird, aber ein paar Meter daneben direkt ein neues in genau den gleichen Ausmaßen entsteht; die Zahl und das Volumen der Löcher bleibt sich also gleich. Ähnliche Beobachtungen lassen sich übrigens auch im Wirtschaftsleben machen, wo man mit dem Inhalt des neuen Loches das alte Loch stopft. Das führt über den Bankrott öfters ebenfalls ins Loch. Diese Bemerkung ist für das Thema ebenfalls irrelevant. Ähnliches läßt sich auch von unserem Wissen behaupten, welches oft ein Loch hat.

Löcher finden wir auch in Socken, Autoreifen, im Gedächtnis sowie in manchen Bilanzen. Mathematisch richtig ist, daß zwei Löcher, die ineinanderlaufen, ein größeres Loch ergeben – Experten sprechen hier von einer Vermählung zweier Löcher. Die interessante Frage, welcher Rand nun zu welchem Loch gehört, wurde von ihnen allerdings nie gestellt und deswegen auch nie gelöst. Übrigens gibt es keine halben Löcher. Manche Gegenstände werden durch ein einziges Löchlein entwertet; weil an einer Stelle von ihnen etwas nicht ist, gilt das ganze übrige nichts mehr. Beispiele: ein Fahrschein, eine Jungfrau und ein Luftballon.

Größenwahnsinnige behaupten, das Loch sei etwas Negatives. Der Mensch an sich ist ein Nicht-Loch und deswegen durchaus noch nicht positiv. Vielleicht liegt es daran, daß seine wichtigsten Körperteile so viele Löcher haben. Außerdem gibt es durchaus Löcher, die als positiv zu bezeichnen sind. Leute, die den Sinn ihres Lebens darin sehen, einen löchrigen Ball auf lächerliche Weise in ein Loch zu schlagen, werden diese Meinung teilen – es sei denn, sie brauchen zu viele Schläge. Aber solche Leute sind eher demütig und nicht größenwahnsinnig.

Das Loch ist die einzige Vorahnung des Paradieses, die es hienieden gibt. Meine Sorgen möchte ich haben. Ich bitte für diese Abhandlung um Nachsicht: In dem vorliegenden Buch befand sich nach dem vorhergehenden Kapitel noch ein Loch, welches ich hiermit ausgefüllt habe.

Über Angeber

Ob es nun einer gerne hört oder nicht: Ich bin davon überzeugt, daß in jedem Menschen mehr oder minder versteckt ein gewaltiger Angeber steckt. Ich weiß, wovon ich rede, denn ich habe ihn bei mir ebenfalls entdeckt.

Man darf die Angeberei nicht mit einem psychologisch längst erforschten Imponiergehabe verwechseln: Imponiergehabe ist etwas, was man vor allem anderen gegenüber zur Schau trägt. Beispielsweise die besondere Pracht der Fasanenhähne im Frühjahr oder der Golfhosen – das ist Imponiergehabe.

Angeberei ist anders: Das kann man auch, wenn man mutterseelenallein seine Runde dreht. Man gibt dann vor sich selbst an.

Oder kann mir vielleicht ein vernünftiger Mensch erklären, warum unsereiner den allergrößten Wert auf einen Drive von mindestens zweihundert Meter Länge legt, wo er doch ganz genau weiß, daß es ihm am Schluß überhaupt nichts bringt, weil er mindestens vier Putts benötigt? Aber was übt dieser Angeber bis zum Erbrechen? Richtig: Er übt stundenlang möglichst weite Schläge. Weil er sich dann selber auf die Schulter klopfen kann, wenn er stolz hinter der Murmel auf dem Fairway einherspaziert, selbst wenn er einsam ist und keine Sau zuschaut. Oder höchsten der Greenkeeper, der in seinem Leben schon so viel Elend auf der Welt gesehen hat, daß es ihn eh nicht juckt.

Sagen wir, da ist ein Fünfer-Loch, ungefähr vierhundertfünfzig Meter lang. Der mit seinen zweihundert Meter weiten Schlägen kommt einmal auf zweihundertfünf und einmal auf hundertfünfundneunzig Meter; dann pitcht er sich ran. Eventuell liegt er sogar neben der Fahne. Der andere, der höchstens hundertfünfzig Meter schafft, ist ebenfalls mit dem dritten Schlag auf dem Grün. Wenn er soviel Glück wie der andere hat, auch neben der Fahne.

Jedermann weiß, daß unsereiner nur in den seltensten Fällen neben die Fahne zu liegen kommt, sondern mindestens zwölf Meter davon entfernt. Auch der mit seinen Zweihundertmeterdrives. Dann beginnt die Putterei, von der alle Golfmenschen wissen, daß hier die Stunde der Wahrheit ist.

Aber es ist ein Unterschied, ob man etwas weiß, oder ob man aus seinem Wissen auch die entsprechenden Schlüsse zieht. Ich weiß, daß ich aus zwölf Metern keinen Putt versenken kann – oder nur, wenn der alle vier Jahre vorkommende 29. Februar auf einen Sonntag fällt. Aber ich hoffe selbstverständlich, daß mir irgendeine Fortuna gesonnen ist. Das ist genauso sinnvoll wie die Hoffnung im Lotto. Woraus wir schließen, daß das Prinzip Hoffnung nichts bringt. Dem mit den langen Schlägen übrigens auch nicht.

Logisch wäre jetzt, wenn ich zwei Stunden auf das Übungsgrün gehen würde, um Putts zu trainieren, bis sie mir zum Hals raushängen. Denn genau wie alle anderen Spieler weiß ich längst, daß ein Putt oder ein Pitch mehr an jedem Loch am Schluß achtzehn Schläge ausmachen, die mir Ärger bereiten. Aber ich gehe keineswegs Putts üben, weil das nämlich nichts zum Angeben ist. Putts sind stinklangweilig. Wer Putts übt, sieht aus wie ein spinniger Eigenbrötler. Putts sorgen für keine Aufregung, weil man damit weder in den Graben noch in den Wald kommt. Putts schleichen geräuschlos über diesen Plüschrasen, und das kleine Rumpeln im Loch sorgt keineswegs für Herzflimmern. Putts haben nichts mit Sport zu tun, weil man sich kaum bewegt dabei. Dann hätte ich ja gleich Minigolf spielen können. Minigolf spielt jeder. Minigolf ist nichts zum Angeben.

Meines Lebens Ziel ist deshalb nicht der todsichere zweite Putt im Loch, sondern möglichst zweihundert Meter. Gegen alle Vernunft. Dann komme ich nach einigen Stunden wieder heim mit fetten Hundert auf der Scorekarte, von denen ich genau weiß, daß ein Fünftel davon den überflüssigen Putts zuzuschreiben ist. Merkwürdig ist, daß schlechte Putts immer mit Pech-Gehabt entschuldigt werden können. Wenn einer kurz abschlägt, redet kein Mensch vom Pech, sondern daß der keine Ahnung von dem Spiel hat. Nur lange Abschläge sind etwas zum Angeben.

In den wenigen Augenblicken geistiger Klarheit auf dem Platz, die mich leider immer erst dann überfallen, wenn ich zum Parkplatz gehe, nehme ich mir fest vor, morgen mindestens zwei Stunden nur zu putten. Oder nächste Woche.

Über den Proshop

Mein Handicap besteht darin, daß ich dieses Spiel nicht begreife. Das ist sicherlich ein harmloses Witzlein, aber was will man von einem harmlosen Spieler anderes verlangen? Aber daß dieser Lulatsch im Proshop das auch gleich erkennt, überrascht mich.

Er sagt: »Sie spielen mit Sicherheit den falschen Ball. An Ihrer Stelle würde ich nur mit Helikopter-Bällen spielen. Aufgrund seiner besonderen Konstruktion kann dieser Ball überhaupt nur geradeaus fliegen – kein Slice, kein Hook. Ich garantiere Ihnen eine verbesserte Weite von zehn bis fünfzehn Prozent!«

Das mit den garantierten Prozenten ist allerdings eine Sache, die Aufmerksamkeit heischt. Vor allem bei einem wie mir. Ich sage interessiert: »Ach so?!«

Das hätte ich besser nicht gesagt, denn nun hebt er an: »Ihre Schuhe sind für Ihr Körpergewicht völlig ungeeignet. Was Sie dringend benötigen, ist ein satter Stand in einem Schuh, der Ihrem Fuß gleichzeitig das Gefühl der Stütze gibt. Nehmen Sie doch unseren Perpedes! Sie werden es bereits nach der ersten Runde spüren. Und Sie werden es an Ihrem Ergebnis ablesen. Mindestens fünf bis acht Schläge weniger – das ist nicht zu viel versprochen!«

Mein Interesse wächst sichtlich. Ich sage noch einmal »Ach so?!« und er fährt fort: »Sie tragen aber einen seltsamen Handschuh! Ich möchte wetten, Sie haben eine Hornhautbildung am rechten Ringfinger, und wissen Sie, woran das liegt? Nur am Handschuh an der Linken! Die Naht drückt. Und wenn die Naht drückt, können Sie nicht frei schwingen, weil Sie im Unterbewußtsein ja den kurzen Schmerz vermeiden wollen. Sie sollten unbedingt einmal unseren Neverdruck-Handschuh tragen. Sie werden zwanzig Prozent weiter schlagen, ich versichere es Ihnen!«

Bevor ich noch »Ach so!?« sagen kann, schweift sein prüfender Blick auf meine Socken: »Ach du meine Güte«, sagt der Lulatsch, »was haben Sie denn da? Mit diesen Socken werden Sie selbst in den besten Schuhen immer ein schwimmendes Gefühl haben, und Sie können sich ja vorstellen, wohin das führt. Warum probieren Sie nicht einmal diese Antitranspirentasocken Erst gestern hat mir Bernhard gesagt, daß er in dieser Socke nicht nur zehn Prozent weiter schlägt, sondern acht Putts weniger heimbrachte!«

Ich murmele »Ach so?!« und überlege, wer wohl Bernhard sein könnte. Aber zum Fragen komme ich nicht, denn der Kerl sagt: »Ganz im Vertrauen, Ihre Schläger können Sie vergessen! Ich weiß nicht, wer Ihnen die angedreht hat, aber diese Schläger spielen nur schwache alte Männer oder manche Frauen, nicht solche athletischen Typen wie Sie. Was Sie benötigen, ist der komplette Satz von Eagle, eine absolute Neukonstruktion für genau solche Leute wie Sie. Fünfzehn Prozent weiter und viel genauer, das ist sicherlich drin. Natürlich mache ich Ihnen einen Spezialpreis!«

Dieses Mal läßt er mir nicht einmal Zeit für mein »Ach so?!«, sondern kommt auf das Tee zu sprechen: »Natürlich gibt es Menschen, die sich der Meinung hingeben, man könne von einem Plastik-Tee genauso abschlagen. Ich will mich dazu nicht äußern. Aber wenn Sie meine Meinung hören wollen, es geht nichts über Holz. Ich habe hier ein Dutzend, altdeutsche Eiche, zwanzig Jahre gelagert, handgeschnitzt und handgemalt. Das ist mal etwas Solides. Und wenn ich Ihnen eins sagen darf, diese Solidität zahlt sich auch in Ihrem Spiel aus!«

Ich wollte ihn gerade fragen, in wievielen Prozenten oder Metern sich denn altdeutsche Eiche bemerkbar mache, aber er hatte mir die Frage schon aus den Augen abgelesen und flüsterte verschwörerisch: »Ich schwöre Ihnen, bis zu dreißig Meter!«

Unversehens war ich in die Nähe seines Bücherregals gekommen, wo er nach blitzschnellem Griff sofort einen tiefdruckblinkenden Band in der Hand hielt. »Kennen Sie das?« fragte er und hielt das ein wenig schmächtige Büchlein triumphierend in die Luft. Ich schüttelte schamerfüllt den Kopf. Der Kerl war nicht zu bremsen: »Das neue Buch von Krack Krackstein mit dem Titel ›Perfektes Golf‹! Der Meister ist bescheiden, er garantiert zwanzig Prozent mehr Länge auf dem Fairway und zwanzig Prozent weniger Putts – und das in vier Wochen. Ich habe es selbst gelesen, und ich kann nur sagen, er untertreibt. Ich habe es selbst ausprobiert und kann Ihnen guten Gewissens verraten, daß …«

In dem Moment kam ein weiterer Kunde in den Proshop, der nur ein paar Bälle kaufen wollte. Der Lulatsch sagte zu mir: »Einen Moment, bitte!« Und erklärte dem anderen Kunden: »Sie spielen mit Sicherheit den falschen Ball!« Ich hörte nicht weiter zu, sondern zog meinen Taschenrechner heraus.

Bei meinem etwas kindlichen Abschlag von 140 Metern erhalte ich 20 Prozent Länge durch das Buch des Krack Krackstein – das macht 168 Meter Plus 30 Meter durch altdeutsche Eichen-Tees macht 8 Meter. Plus fünfzehn Prozent durch die neuen Schläger macht 237,6 Meter. Plus die Socken mit zehn Prozent macht 261,36 Meter. Plus den Handschuh zu zwanzig Prozent macht 313,632 Meter. Plus die zehn Prozent von den Bällen macht 344,9952 Meter. Dann muß ich noch fünf bis acht Schläge wegen der Schuhe abziehen, zwanzig Prozent weniger Putts durch das Buch sowie acht Putts durch die Socken. Das macht alles in allem … – mir wird schwindlig.

Als sich dieser Lulatsch im Proshop wieder zu mir wandte, habe ich ihm gesagt, daß mein Handicap darin besteht, daß ich dieses Spiel nicht begreife. Aber er hat kein bißchen gelacht.

Über Schiedsrichter

Wie jeder Golfspieler weiß, befinden sich unter den Ausübenden dieses Sports ausschließlich gute und ehrliche Menschen.
Das ist statistisch einwandfrei nachzuweisen: Beim Golf wird einem
nicht das Schienbein poliert, man bekommt die Nase nicht einge-
schlagen, und im Zweikampf treibt einem niemand den Ellenbogen
in die Lebergegend. Dieser Unterschied zu anderen Spielen setzt
sich selbstverständlich auch in den inneren Qualitäten fort: Golf
wird nur von Menschen gespielt, deren charakterlicher Wert weit
über dem von ›normalen Menschen‹ liegt – nie würde jemand daran
denken, ein bißchen zu betrügen.

Deshalb hat dieses edelste aller humanen Wesen sich in einem
ganz entscheidenden Punkt von allen anderen Sporttreibenden
distanziert: Im Golf gibt es keine Schiedsrichter. Niemand, der
einem die gelbe oder rote Karte zeigt, niemand, der bei körperlichen
Auseinandersetzungen das Break-Kommando gibt, niemand, der
einen zur Raserei bringt, weil er zum dritten Male hintereinander
einen Tennisball als ›aus‹ verkündete, obgleich doch jeder sah, daß
er noch ›in‹ war.

Diese Schiedsrichterlosigkeit wird den Laien immer wieder als
besonderes Merkmal absoluter Fairness vorgeführt: ›Schaut her, wir
brauchen so etwas nicht; wir sind eben ganz besonders ehrlich!‹
Dabei ist das selbstverständlich ein großer Blödsinn, weil sie beim
Golf den grausamsten aller Menschen zum Schiedsrichter gemacht
haben, eine Kreatur, die mit kleinlicher Erbsenzählerei dem anderen
das Leben zur Hölle macht, ein pingeliges Wesen, mit dem man sich
nie und nimmermehr an die Clubhausbar stellen wird. Beim Golf ist
der Schiedsrichter ein Mitspieler und nennt sich ›Zähler‹.

Das ist in etwa so, als würde man beim Boxen auf den Ringrich-
ter verzichten und diese Tätigkeit dem Kontrahenten überlassen:
Also wenn ich ihm ein gewaltiges Ding unter die Gürtellinie ver-
passe, gibt mir der andere eine strenge Verwarnung. Oder er erhält
einen Strafschlag, bei dem ich mich nicht mucksen darf. Beim Fußball müßte der Gefoulte die Regel interpretieren, beim Tennis hätte
der Kerl auf der anderen Seite des Netzes die Entscheidung zu tref-

fen. Hat jemand bereits die Anzahl von in die Brüche gegangenen gutnachbarlichen Beziehungen gezählt, die sich nach einem abendlichen Pingpong-Match im Garten ergaben?

Aber beim Golf wird derartiges geradezu provoziert. Da begrüßt man sich mit scheinheilig freundlichem Händedruck am Morgen vor dem ersten Abschlag und tauscht Zählkarten sowie die Ansicht über das Wetter aus. Schon beginnt der Ärger, weil der andere natürlich fragt, welches Handicap man spielt – impertinent. Ganz davon abgesehen, daß es nicht jedermanns Sache ist, schon am frühen Morgen einem Verhör unterzogen zu werden oder Fröhlichkeit darzustellen, bleibt die peinliche Antwort: »Vierunddreißig!« Worauf der andere sich indigniert abwendet, so daß man an seinem Hinterkopf den Seufzer ablesen kann: »Herrgott noch mal – wieder so ein verlorener Tag mit einer Flasche! Ich möchte mal wissen, wer mich in diesen Flight gesteckt hat!« Die Rückfrage, in welchen Handicap-Regionen sich jener andere denn befände, kann man sich sparen, er wird leichthin sagen: »Vierzehn!« Nützlicher wäre es dann schon, die Score-Karte des Menschen hervorzuziehen, sorgsam den Namen zu studieren, und ein Späßchen zu proben: »Seltsam, unsere Reinemachefrau heißt genauso. Sind Sie vielleicht mir ihr verwandt?!« Aber das fällt einem ja nie so schnell ein.

Es beginnt meistens damit, daß der andere die Kugel auf mindestens zweihundert Meter in den lauen Sommermorgen hinaustreibt, während man selbst gerade über das Tee der Damen hinwegkommt. Jener Mensch wird sich für die Reinemachefrau revanchieren und munter posaunen: »Na, da sind Sie ja gerade noch einmal um eine Schnapsrunde herumgekommen!« Und dieser nette Kerl ist nun die nächsten Stunden mein Schiedsrichter – sprich: Zähler.

Selbstverständlich weiß er jede Regel und jede Etikette besser, als unsereiner das je begreifen wird. Er wird auf dem Fairway darauf achten, daß ich fünfzig Meter neben ihm auch keine fünfzig Zentimeter vor seinem Ball stehe, er wird augenrollend auf die Uhr schauen, wenn ich in altem Laub fluchend meinen Ball suche, er wird beim vierten Putt entzückenden Trost spenden: »Herr Langer hat ja auch viele Jahre gebraucht, bis er diesen Schlag beherrschte!« Was mit Sicherheit sehr aufbauend ist. Wenn ich dann endlich mit dem sechsten dieses Dreierloch überwunden habe, wird er sagen: »Ich meine, es sind sieben! Oder wollen Sie darauf bestehen, daß es sich bei Ihrem zweiten Schlag nur um einen Probeschwung handelte?« Unsereiner murmelt dann: »Meinetwegen sieben.« Und der Herrgott hört das Knurren.

Einmal ist es tatsächlich geschehen, daß ich den Ball ungefähr fünf Zentimeter vor der gedachten Linie auf das Tee gesteckt habe. Mir gelang einer von jenen Schlägen, wie sie selbst unsereinem alle drei Monate einmal widerfahren. Er sagte: »Sie erhalten einen Strafschlag, weil Sie vor der gedachten Linie…!« Ich: »Das hätten Sie mir ja auch vorher sagen können!« Er: »Dann hätte ich Ihnen ja keinen Strafschlag geben können!« Derartiges ist richtig aus der Logik eines ordentlichen Schiedsrichters, der einem beim Fußball eine Abseitsstellung signalisiert. Wenn das der Gegner tut, ist das im höchsten Grade deprimierend, wobei ich zugeben möchte, daß es die Selbstbeherrschung außerordentlich stählt.

Es gibt überhaupt nur eine Tatsache, der man es zu verdanken hat, daß man solche Situationen über Stunden hinweg übersteht und nicht als völlig gebrochener Mann heimkehrt: Man ist ja selbst ebenfalls ein Zähler und damit Schiedsrichter eines anderen.

Über das Clubhaus

Auch ein Golfclub ist trotz gegenteiliger Aussagen in erster Linie ein Sportverein. Der Unterschied zwischen einem Club und einem Verein liegt vor allem darin, daß ein Club ein Clubhaus hat, ein Verein aber hat ein Vereinsheim. Golfclubs haben immer Clubhäuser.

Ein Clubhaus ist von einer Kneipe kaum zu unterscheiden; manchmal ähneln sie auch einem Heimatmuseum mit Bewirtschaftung. Das hängt dann damit zusammen, daß die Frau des dritten Vorsitzenden einmal einen Kurs für Innenarchitektur belegte und sich hier nun austobt. Wenn man Glück hat, läßt sich nichts dagegen sagen. An der Wand eines jeden Clubhauses hängt eine Ehrentafel mit den Clubmeistern. Diese Tafel bietet so ungefähr die eintönigste Literatur auf der Welt. Man kann nämlich davon ausgehen, daß in fünfundzwanzig Jahren dort höchstens vier verschiedene Namen aufgeführt werden; das darf man dem Clubmeister nicht vorwerfen, sondern höchstens seinen Konkurrenten, die es nicht fertigbringen, ihn zu schlagen.

Die Tische werden wie in einem guten Gasthaus zum Essen, Trinken und Kartenspielen benutzt. Sehr oft gibt es noch ein Nebenzimmer, in dem der Vorstand tagt und die Entrüstung der Schriftführerin zur Kenntnis nimmt, die sich jedes Mal darüber aufregt, weil das Kartenspiel um Geld geht und dabei zu viel gesoffen wird; ein gescheiter Vorstand zeichnet sich dadurch aus, daß er nach der Vorstandssitzung mit dem Kartenspiel erst beginnt, wenn die Schriftführerin gegangen ist. Ein Gerücht besagt, daß in Golfclubhäusern in erster Linie Bridge und Whist gespielt wird, was fürs Image ganz gut ist. In Wirklichkeit klopfen sie Schafkopf (bayerisch), Klabberjass (norddeutsch) oder Skat (gesamtdeutsch). Und zwar, daß die Heide wackelt.

Als Zentrum eines Clubhauses ist die Clubhausbar anzusehen. Diese Einrichtung ist vor allem für Clubneulinge außerordentlich nützlich; sie brauchen sich nicht unbedingt an einen Tisch zu setzen, wo sie eh keinen kennen, sondern können sich dort auf den Hocker setzen und so tun, als seien sie Dean Martin. Allerdings muß man

dazu sagen, daß an der Clubhausbar eine gewisse Hackordnung festzustellen ist. Das drückt sich darin aus, daß manche Leute dort sitzen
oder lümmeln, wo sie immer sitzen oder lümmeln – und wehe, es
lehnt dort mal einer herum, der da nichts zu suchen hat. Deshalb ist
es für einen Neuling immer besser, zunächst einmal jenen Platz zu
besetzen, von dem er annehmen kann, daß ihn sonst keiner will.
Beispielsweise dort, wo die Bedienung immer vorbei muß. Dann
steht er diesem Wesen weiblichen oder männlichen Geschlechts
zwar im Weg, aber das ist immer noch das geringere Übel. Man kann
derartiges auch in Bars üben, die nicht in Clubhäusern sind.

Eine ständige Einrichtung in Clubhäusern ist das Club-
hauspächterehepaar. Je nach Attraktivität teilt sich dieses Paar die
Arbeit in der Küche und bei den Gästen; da in der Regel die Dame
etwas angenehmer anzuschauen ist, übernimmt sie das Publikum,
und er schält Kartoffeln. Wenn man Glück hat, kann man in einem
Clubhaus sogar ordentlich essen. Wenn man weniger Glück hat,
wirkt das Clubhausehepaar etwas vergrämt und wird demnächst
kündigen. Das Essen ist dann auch danach. In jedem Fall ist es angebracht, zumindest zu jenem Teil des Clubhauspächterehepaares ein
freundliches Verhältnis zu pflegen, welcher für die Gäste zuständig
ist. Ein solches Verhältnis ergibt sich beispielsweise, wenn man an
der Bar einen Hunderter deponiert und diesen dann langsam
absäuft. Oder auch schnell. Man sollte niemals einen Kaffee bestellen, wenn die Kaffeemaschine erst angeworfen werden muß, weil das
zuviel der Mühe ist; man nehme lieber einen Tee, zu dem man nur
heißes Wasser benötigt, in das dann dieser kulturlose Beutel gehängt
wird. Die Verdienstspanne ist auch höher. Das freundliche Verhältnis zahlt sich immer aus, vor allem dann, wenn die Frau Wirtin oder
der Herr Wirt einen laut mit Namen begrüßen. Dann wissen die
anderen gleich, mit wem sie es zu tun haben. Vielleicht schließen sie
aufgrund dieses vertrauten Verhältnisses womöglich gar auf ein nie-
deres Handicap.

Unter den Clubhausbesuchern gibt es durchaus auch Leute, die
gerade eben gespielt haben oder gleich spielen werden. Aber das ist
nicht die Regel. Die Anzahl jener Menschen, die das Clubhaus,
ohne die geringste Absicht, spielen zu wollen, besuchen, ist sehr

groß. Sie tun das vor allen Dingen aus dem Grund, weil es keinen anderen Ort auf der Welt gibt, wo man so ungeniert über dieses Spiel reden kann. Und wo man die gewaltigsten Geschichten von wunderbaren Wundern erfährt, bei denen der Ball dreimal einen Baum umkreiste, bevor er direkt ins Loch fiel.

Der regelmäßige Besuch eines Clubhauses ist also vor allem wegen dieser laufenden Kommunikation anzuraten. Man kann das auch Klatsch nennen, der in etwas gröberer Form als die ›schöne Gepflogenheit der üblen Nachrede‹ bezeichnet wird. Klatsch ist relativ primitiv und gibt wenig Raum für Phantasie: »Dem seine Frau sollte auch sehen, daß sie einen anderen Pullover trägt!« Viel interessanter und zu entzückenden Gedankenflügen anregend ist dann schon das Gerücht: »Haben Sie gehört, wem die Hose gehören soll, die wir gestern früh auf dem achten Grün fanden?« Oder: »Er soll gestern abend nackt im Teich vor dem fünften Loch gebadet haben. Wahrscheinlich hat er dort nach Bällen getaucht, dieser Geizhals!« Oder: »Sie sind nachts mit dem Wagen mitten auf die Driving Range gefahren und erwachten erst, als Herr Dombrowski, dieser Frühaufsteher, ihnen morgens um fünf einige Bälle auf die Karosserie schlug!«

Aus diesen wenigen Hinweisen kann jedermann leicht erkennen, daß ein ordentliches Clubhaus sehr wichtig ist. In manchen Schubladen liegen angeblich sehr fortschrittliche Pläne, die überhaupt nur noch Clubhäuser ohne Plätze vorsehen. Es ist mit Sicherheit anzunehmen, daß diese geniale Idee viele Anhänger finden würde.

Über Architekten

Was mögen eigentlich Golfplatz-Architekten für Menschen sein? Ich will mich jetzt nicht auf Diskussionen darüber einlassen, ob es sich hier wirklich um Architekten handelt oder ob sie besser als Landschaftsgestalter zu bezeichnen sind: Ich meine jene Leute, die sich ein Gelände anschauen, eine Karte desselben zeichnen und dann damit beginnen, Gemeinheiten in die Natur zu setzen.

Angeblich beschäftigt sich Jack Nicklaus nach Abschluß seiner Karriere fast ausschließlich mit dem Bau von Golfplätzen. Ich habe Jack Nicklaus nie kennengelernt und bezweifle, daß wir jemals bei dem gleichen Turnier an den Start gehen werden. Aber interessieren würde es mich schon, warum er ausgerechnet dieses gutbezahlte Hobby reitet. Und das, obgleich er sich mit all seinen Millionen hinsetzen und den lieben Gott einen guten Mann sein lassen könnte. Ich habe noch nie gehört, daß Pianisten Pianos bauen.

Bei Nicklaus gibt es zwei Möglichkeiten: Vielleicht hat er sich Zeit seines Golflebens so sehr über die Anlagen in aller Welt geärgert, daß er nun zeigen will, wie man es besser macht; manche Eltern reagieren ähnlich, wenn sie sich bucklig arbeiten, damit es ihre Kinder einmal besser haben. Vielleicht aber ist es eine späte Rache an all jenen, die ihm einst nachfolgen; die sollen einmal sehen, wie schwer wir es hatten. Dabei macht er es noch ein bißchen schwerer. Solche Eltern gibt es wahrscheinlich auch.

Aber auch Mutmaßungen darüber bringen einen nicht weiter, was das für Menschen sein können, die beispielsweise auf der fünften Bahn ausgerechnet dort einen Teich hinbauen, wo man mit dem zweiten langen Schlag genau in der Mitte landen muß? Wenn man einen langen und einen kurzen spielt, kann man zwar ans Ufer kommen, aber jeder weiß doch ganz genau, daß man angesichts eines Wassers höchstens eine Dreißig-zu-siebzig-Chance hat, auch darüber hinwegzukommen. Dabei könnte so ein Teich als hübsche landschaftliche Dekoration ein wunderbarer Ort der Muße sein, wenn er nicht ausgerechnet in der Bahn liegen würde.

Oder nehmen wir die drei gewaltigen Tannen mitten im Fairway der siebten Bahn: Sie stehen genau auf jener Länge, die unsereiner normalerweise schlägt. Bringt man endlich einmal einen geraden Schlag zustande, so liegt der Ball fünf Meter vor diesen Tannen – man kommt nicht drüber hinweg und auch nicht unten durch, man muß sich daran irgendwie vorbeifummeln und braucht einen Schlag mehr. Mindestens. Andere, die nicht so schön gerade schlagen, liegen womöglich links oder rechts von diesen Tannen und haben freie Sicht auf das Grün, das nur hundertfünfzig Meter entfernt liegt. Ich habe schon gemütvolle Menschen erlebt, die mit schrecklich entschlossenem Gesicht in den Proshop gerannt kamen und fragten, ob sie hier eine Säge kaufen könnten. Und andere, die nach einem schrecklichen Sturm über viele schöne Baumleichen weinten, aber diese drei Tannen verfluchten, weil sie erneut diesem Wetter standgehalten hatten.

Was mögen das für Leute sein, die mit einem sicherlich sorgsam durchdachten Federstrich für die nächsten hundert Jahre in ihren Mitmenschen nervöse Zusammenbrüche, hysterische Anfälle und Mordgelüste entfachen? Ob sie sich darüber im klaren sind, welche Folgen derartige Frustrationen haben können? Das bezieht sich ja nicht nur auf das Spiel: Man stelle sich nur vor, der Zahnarzt des Staatspräsidenten würde sich hier am Morgen seine Aggression abholen, die für den ganzen Tag reicht. Nun kommt am Nachmittag der Präsident in die Praxis, weil ihm eine Plombe locker sitzt. Der wütende Zahnarzt vollbringt eine Sauarbeit, der Präsident fährt halb bewußtlos vor Schmerzen nach Hause, beschimpft über sein rotes Telefon einen anderen Präsidenten, der sich wiederum so sehr bedroht fühlt, daß er die Bombe auslöst. Ratschbum.

Und alles nur, weil dort ein paar Bäume stehen, mitten im Fairway, was der Herr Architekt zu verantworten hat. Nach dieser Technik haben die alten Griechen schon ihre Tragödien geschrieben, deren Pointen aber weitaus harmloser waren, weil sie nicht mit der Bombe lebten und auch nicht mit dem roten Telefon. Außerdem sollen die alten Griechen auch nicht Golf gespielt haben.

Oder nehmen wir das Harmloseste von allem, das Grün. Aus der Entfernung von, sagen wir, hundert Metern liegt es harmlosverlockend da und sieht so aus wie es heißt, nämlich grün. Es ist noch zu verstehen, daß jeder versucht, ein möglichst ›schnelles‹

Grün zu haben; am liebsten soll es so sein wie eine Glasplatte – man braucht nur hinzuschauen, und schon läuft der Ball hinten drüber hinweg. Aber nein, dieses verführerische Grün ist beim näheren Hinsehen eine schiefe Ebene, in der sich sogar noch einige Wellen befinden. Oben braucht man den Ball nur anzutippen und schon läuft er drei Millimeter am Loch vorbei bis in den gegenüberliegenden Bunker. Dort hinten, auf der Terrasse des Clubhauses, sitzt unterdessen der Architekt mit einem starken Fernglas, haut sich vor Freude auf die Oberschenkel und erzählt seinen rundum lauschenden Freunden, wie er mich reingelegt hat. Dann gehen sie an die Bar und nehmen einen Kleinen.

Ich habe wirklich nichts übrig für Autorennen, aber da nennen sie eine Schikane wenigstens eine Schikane. Ich muß allerdings zugeben, daß ich in Spanien einmal auf einem Platz gespielt habe, von dem mir zuvor jedermann vorgeschwärmt hatte: Fairways so breit und so weit wie ein Flugplatz, ein paar lichte Bäumchen, einige dekorative Bunker, ein Bächlein und das sogenannte Rough aus hartem Gras ungefähr vier Zentimeter hoch, so daß der Ball darauf lag wie auf einem Tee. Um ehrlich zu sein: Ich fand diesen Platz stinklangweilig.

Über Caddie oder Caddy

Ein Caddie ist ein wettergegerbter Mensch mit Whiskyfahne, der sich durch einen stark ausgeprägten Erwerbssinn auszeichnet und zu seiner besten Zeit mindestens fünfmal das Open gewonnen hätte, wenn da nicht schreckliche Schicksalsschläge dazwischengekommen wären. So kann man es in allen Geschichten nachlesen, die meistens in Schott- oder Irland spielen und immer auf den grundguten Charakter dieses Mannes hinweisen. Mir gefällt am besten die Geschichte von einem sehr begehrten Caddie, der nach jedem Schlag auf einen Zettel schaute, bevor er dem Spieler seinen Rat für den nächsten Schlag gab. Jeder wollte gerne wissen, was auf diesem Zettel stand, aber der Caddie bewahrte das als streng gehütetes Geheimnis; bis er eines Tages diesen Zettel verlor. Der Finder las darauf erstaunt: »Hook ist links, Slice ist rechts. «

Obwohl es kein Femininum für Caddie gibt, erhielt ich einmal eine junge Dame als Caddie zugeteilt, die sich als Tochter des Präsidenten mit dem respektablen Handicap zwölf herausstellte. Sie riet mir, den Ball nicht so hoch aufzuteen, sie korrigierte meinen Griff, sie reichte mir unaufgefordert das Eisen Sieben. Und wenn ich nicht Gast in diesem Club gewesen wäre, wo ihr Vater der Präsident war, hätte ich sie im nächsten Bunker verscharrt. Solche Caddies kann ich nicht leiden.

Ich mag am liebsten gar keine Caddies, weil es mir eh nichts nutzt, wenn ein vorbildlicher Vertreter dieses Berufszweigs mir andeutet, daß es bis zum Loch noch hundertzweiunddreißig Meter sind, daß der Wind leicht von links kommt und daß das Grün stark nach rechts abfällt. Vielleicht kann ich mit solchen Informationen in zwanzig Jahren etwas anfangen – heute nicht. Es ist mir außerdem peinlich, einen Gepäckträger zu beschäftigen. Ich mag Caddies nur im Winter, wenn sie einen Flachmann dabei haben und einem etwas abgeben.

In den Erklärungen über den Caddie habe ich in den Regeln einen Satz gefunden, dessen herbe Prosa man keinem Menschen vorenthalten sollte. Er geht so: »Ist ein Caddie für mehr als einen Spieler eingesetzt, so gilt er stets als Caddie desjenigen Spielers, dessen Ball betroffen ist, und vom Caddie getragene Ausrüstung gilt als Ausrüstung des betreffenden Spielers, ausgenommen der Caddie handelt auf besondere Weisung eines anderen Spielers; nur im letztgenannten Fall gilt er als Caddie des anderen Spielers.«

Klar?

Eines der vielen Rätsel, vor die man beim Golfspiel immer wieder gestellt wird, ist die unbestreitbare Tatsache, daß es Fachautoren und Chefredakteure von Spezialmagazinen gibt, die anstatt Caddie immer wieder Caddy schreiben. Diese Leute kennen das Spiel von vorn bis hinten, sie wissen jede Einzelheit aus seiner Entwicklung, sie sagen einem die letzten dreißig Gewinner des Masters-Turnier mit dem jeweiligen Score rückwärts auf, und sie haben das Handicap 5 – aber sie schreiben Caddy statt Caddie. Warum das so ist, weiß der liebe Himmel.

›Cassells Wörterbuch‹ identifiziert Caddie als ›Golfjungen‹ – Caddy allerdings als ›Teebüchse‹, was sicherlich niemand meint.

(»Herr Kaiser, Sie sind ein elender Klugscheißer!«) Nun gut.

Über Regeln

Wenn es überhaupt irgend etwas gibt, was besser ist als Golfspielen oder diesem zumindest sehr nahe kommt, dann ist es das Studium der Golfregeln. Ich kann jedem Menschen nur zum Kauf dieses Büchleins raten, und ich hoffe insgeheim, daß der Herausgeber dieser Regeln diesen Rat an dieser Stelle so hoch einschätzt, daß er mich mit einigen Prozenten beteiligt. (Wie ich gerade sehe, habe ich eine Ausgabe aus der 18. Auflage; das ist eine Zahl, von der jeder Autor träumt.)

Natürlich beginnt das Büchlein mit den Etiketten. Da aber jedermann, der sich in diesem Metier auskennt, genau weiß, daß damit nicht die Aufkleber auf Bierflaschen gemeint sind, sondern daß einer in Dreiteufelsnamen die Schnauze halten soll, wenn ich abschlage, will ich darauf nicht weiter eingehen. Schließlich ist es nur logisch, daß einer hinterher den Bunker wieder einebnet, nachdem er darin herumgewütet hat wie ein zwanzigköpfiger Kindergarten im Sandkasten. Zumindest für die anderen sollte das logisch sein, Himmeldonnerwetternocheinmal. Wenn ich das einmal zufälligerweise vergessen sollte, ist das etwas anderes.

Außerordentlich interessant und einer wirklich eingehenden Betrachtung wert sind allerdings die danach folgenden Erklärungen, die selbstverständlich alle unter dem Heiligenschein des ›Royal and Ancient Golf Club of St. Andrews‹ entstanden sind. Falls es einer noch nicht wissen sollte: Alles, was sich dort befindet, ist mindestens fünfhundert Jahre alt und ist deshalb richtig; selbst der Umstand, daß Damen dort nicht erwünscht sind, muß deshalb wohl richtig sein. Beschwerden also bitte nicht an mich, sondern an R+A in Schottland.

Um auf die Erklärungen zurückzukommen: Da wird gleich zu Beginn erklärt, was ›Aus‹ ist. Ein Ignorant würde nun einfach weiterblättern, weil er natürlich weiß, was ›Aus‹ ist. Er würde damit nicht nur einen literarischen Leckerbissen verpassen, sondern könnte auch nie für sich in Anspruch nehmen, die Regeln wirklich zu beherrschen. Wer weiß denn schon folgendes: »Aus erstreckt sich von der Auslinie senkrecht nach oben und unten.« Als Erklärung für diese Erklärung muß man also wissen, daß die Auslinie wie eine imaginäre Wand dasteht. Wenn der Ball aus Gründen, die dem Verfasser wahrscheinlich einleuchten und die nur ich Tolpatsch nicht begreife, auf einmal dort oben liegenbleibt, braucht man nur zu schauen, wo unten die Auslinie ist, und schon weiß man, noch ›in‹ oder schon ›aus‹. Irgendwelche Klugscheißer, die man ja auch im täglichen Leben immer wieder vorfindet, werden nun kommen und sagen, wie es denn möglich sein soll, daß ein Ball auf einmal dort oben wie ein Sputnik in der Luft schweben bleibt. Solchen Menschen sollte man gefaßt entgegentreten und ihnen in freundlicher Weise erklären, daß man bei der Ausübung dieses Spiels auf jeder Runde mindestens dreimal ein Wunder erlebt, welches sich durch Schulweisheiten nicht erklären läßt Deshalb kann es also durchaus auch passieren, daß ein Ball einfach ›mal nicht mehr herunterkommt‹. Laut Regel darf man einen neuen droppen, aber natürlich mit Strafschlag. Den nimmt aber jeder gerne in Kauf, weil er ja nun in aller Zukunft jedem Neuling erklären kann, daß das da oben sein Ball ist.

Daß die Auslinie sich nicht nur nach oben bis ins unendliche Universum fortsetzt, sondern auch senkrecht in die Erde, und zwar bis auf die andere Seite derselben nach Neuseeland und Australien, ist nur logisch. Es könnte ja beispielsweise sein, daß der Eingang zu einem Karnickelloch noch ›in‹ ist und die blöden Viecher, die ja nichts von der gedachten Auslinie quer durch den Erdball wissen, ihre Höhle da einfach durchgebuddelt haben. Und wenn nun der Ball da hineinkullert, dann darf man nicht einfach hinterherkriechen und ihn von dort herausschlagen. Ganz klar.

Was den Ball angeht: »Ein Ball ist im Aus, wenn er zur Gänze im Aus liegt.« Wobei ich den Ausdruck ›zur Gänze‹ ungeheuer liebe, weil ich ihn sonst noch nirgendwo gelesen habe.

Bestechend an den Erklärungen ist immer wieder die knappe Präzision, mit der selbst komplizierte Vorgänge ganz einfach gedeutet werden. Man nehme nur den Begriff ›Bewegung‹: In der Physik ist da vom Weg, der Geschwindigkeit und der Beschleunigung als Funktionen der Zeit die Rede. Beim Golf heißt es einfach: »Ein Ball gilt als bewegt, wenn er seine Lage verändert hat und an anderer Stelle liegengeblieben ist.« Das ist glasklar und einleuchtend. Obgleich ich zugeben muß, daß ich vor einiger Zeit einmal einen ziemlichen Streit mit Herrn Brockmeier über diese Frage hatte. Er versuchte nämlich, sechsmal aus dem steilen Bunker zu kommen. Der Ball bewegte sich, rollte aber immer wieder genau an die alte Stelle zurück. Daraufhin behauptete Herr Brockmeier, der Ball habe sich nicht bewegt, denn nach der Regel der Bewegung müsse er an anderer Stelle liegenbleiben. Ich überlege, ob ich deswegen nicht doch einmal in St. Andrews nachfragen soll.

Die Erklärung über das ›Einlochen‹ halte ich ebenfalls für sehr schön. Da steht: »Ein Ball ist eingelocht, wenn er innerhalb des Lochumfangs und zur Gänze unterhalb des Lochrands zur Ruhe gekommen ist.« Ähnlich logisch ist auch die Sache, die unter der Überschrift ›Lose Naturstoffe‹ aufgeführt wird. Die geht so: »Lose Naturstoffe sind Bestandteile der Natur wie Steine, Blätter, Zweige, Äste und dergleichen, auch Kot, Würmer und Insekten sowie von ihnen stammende Absonderungen und Haufen, sofern die betreffenden Bestandteile weder befestigt, noch gewachsen, noch fest eingebettet sind und auch nicht am Ball haften.« So einen Satz kann man nicht so einfach überlesen, man muß ihn sich wie eine herbe Lyrik immer wieder auf der Zunge zergehen lassen. Letzteres meine ich selbstverständlich nur im weiteren übertragenen Sinne, weil sich natürlich niemand die hier aufgezählten Dinge auf der Zunge zergehen läßt. Wie es allerdings geht, wenn ein Kot einen Haufen absondert, weiß ich auch nicht, aber es muß vorkommen, sonst würde es ja hier nicht stehen.

Allergrößte Aufmerksamkeit muß man auch dem kleinen Absatz widmen, der vom Schlag handelt: »Ein Schlag ist die Vorwärtsbewegung des Schlägers, ausgeführt in der wirklichen Absicht, den Ball zu treffen und zu bewegen.« Ich wundere mich sehr, daß diese wichtigste Erklärung überhaupt so kurz formuliert werden kann; außerdem halte ich die darin angeführte ›wirkliche Absicht‹ für strittig. Nachdem ich nämlich eines Tages dreimal daneben gedroschen hatte und irgendein pingeliger Mitspieler meinte, der nächste sei der vierte, habe ich das handliche Büchlein herausgeholt und ihm Seite 23 aufgeschlagen: »Woher wollen Sie Gartenzwerg denn eigentlich wissen, daß ich die wirkliche Absicht besaß, den Ball zu schlagen?« Woraus man erneut ersehen kann, wie nützlich dieses Büchlein in Notlagen sein kann.

Ganz hinten in dem Bändchen haben sie schließlich noch den Amateurstatus angehängt, an dem mich besonders der allerletzte Absatz berührte, der die ›übermäßigen Einsätze‹ zum Inhalt hat. Darin heißt es im zweiten Satz: »Spielleidenschaft bei übermäßigen Einsätzen verdirbt den Golfsport und den einzelnen Spieler.« Wie wahr, wie wahr! Ich kenne eine ganze Reihe von Spielern, deren Verderbtheit sich besonders dann auswirkt, wenn sie gewonnen haben und einem ewig auf die Nerven gehen, weil sie ihren Gewinn kassieren wollen. Ich dagegen bin da rein und unverdorben. Ich habe allerdings auch noch nie gewonnen.

Reden ist Silber – Schweigen ist Golf

Also ehrlich – so wie heute habe er noch nie gespielt, sagt Herr Kwatschke, oder wenigstens schon seit Monaten nicht mehr, und da könnte ich sogar den Dritten von der letzten Clubmeisterschaft fragen, den Herrn Parmann, der habe erst vorige Woche zu ihm gesagt, wie stark er – Herr Kwatschke – sich verbessert habe, vor allem im kurzen Spiel, was ja lange Zeit seine Schwäche war, aber das sei ja nun vorbei und deshalb könne er es sich überhaupt nicht vorstellen, warum ihm dieser Schlag so mißlungen sei – weit links neben das Grün, wo schon das Rough beginnt – er werde das Wedge nehmen, oder ob ich glaube, das Neun sei besser, aber er wisse natürlich, daß ich ihm das nicht sagen könne wegen der unerlaubten Hilfestellung und des Strafpunktes oder vielleicht sind es sogar zwei, meint Herr Kwatschke, und entscheidet sich für das Wedge, mit dem er den Ball tatsächlich aufs Grün bringt und fragt, ob ich das gesehen habe, wie er sich aus dieser mißlichen Lage befreit habe und mit einem guten Putt könne er jetzt noch eine Sieben spielen, oder mindestens eine Acht, und einen Triple-Bogey würden ja schließlich auch die Stars manchmal zustandebringen, wobei man sich fragt, wofür die oft das viele Geld bekommen, oder ob ich anderer Meinung sei, ganz ehrlich – bei ihm würde es ja nur daran liegen, daß er die neuen Schläger habe, die er sich vor vierzehn Tagen aus Amerika mitbrachte, und ich würde gleich staunen über seinen Abschlag, der dann leider doch nicht so besonders ist, was aber – wie Herr Kwatschke versichert – darauf zurückzuführen ist, daß er dabei ist, seinen Schwung umzustellen, was ja selbst den besten Spielern immer wieder Schwierigkeiten bereitet, wie er im Fernsehen gesehen habe, was ja auch ganz logisch ist – und Herr Kwatschke schaut seinem zweiten Schlag hinterher, bei dem der Ball zwischen den jungen Bäumchen landet, die im hohen Gras stehen, und meint, daß es ja nicht so schlimm sei, weil die Bäumchen abgestützt sind und deshalb dürfe er straflos eine Schlägerlänge droppen, wie jeder weiß; Herr Kwatschke schaut, ob ich es auch weiß, und sagt, das weiß doch jeder, worauf ich lieber mit dem Kopf nicke, damit er nicht denkt, ich weiß es nicht – er ist damit zufrieden und droppt, aber das Gras ist überall hoch und als er endlich haut, macht es nur Ratsch und nicht Klack, und Herr Kwatschke schimpft über den Greenkeeper und daß er noch nirgendwo auf der Welt einen so schlecht gepflegten Platz gesehen habe – er müsse es ja wissen, denn er habe jetzt bereits einhundertdreiundzwanzig Plätze gespielt und er könne nur sagen, Florida sei das einzig Wahre, und ob ich da schon mal gewesen bin – ich schüttele den Kopf und Herr Kwatschke ist darüber ganz glücklich und erläutert mir das Vierte des Platzes in Florida, wo er einen Birdie erzielte aus schwierigster Lage, wo doch der mit dem Achter-Handicap, mit dem er dort zusammen spielte, nur ein Par zustandebrachte – der habe übrigens auch gesagt, daß er – Herr Kwatschke – über sehr viel Talent verfüge, was man schon allein daraus erkennen kann, daß er immer wieder einen Hook habe, nur gebräche es ihm an der Zeit, mehr zu spielen, und das sei ja überhaupt das Schlimme an diesem Spiel, daß es so viel Zeit beanspruche, aber es sei ihm egal, weil er es ja hauptsächlich wegen der Entspannung betreibe und nicht von so krankhaftem Ehrgeiz besessen sei, wie dieser Herr Parmann, mit dem er beispielsweise gestern spielte und der bei der letzten Clubmeisterschaft den dritten Platz belegte, wenn nicht gar den zweiten – den Herrn Parmann würde man ja immer nur auf dem Platz sehen und man müsse sich fragen, ob er sich das überhaupt leisten könne, denn so gut gehen die Geschäfte ja auch wieder nicht, und man muß viel tun, denn die Konkurrenz schläft nicht – womit Herr Kwatschke nun endlich den Ball aus dem hohen Gras heraus hat, aber leider ins Wasser geschlagen hat, was ihn zu der Bemerkung veranlaßt, daß ihm das schon wochenlang nicht mehr passiert ist und er wolle sehen, ob er mit der Angel den Ball noch erwische, was aber nicht der Fall ist – auch gar nicht sein kann, denn der Ball platschte mitten hinein ins Wasser, wo es am tiefsten ist; Herr Kwatschke sagt, daß er keinen Ball mehr habe und ob ich ihm vielleicht helfenderweise einen überlassen würde, und er habe vor vierzehn Tagen seinen letzten Ball verloren und seither keinen mehr und wie schade es um den Ball im Wasser sei, denn das sei eigentlich sein Glücksball gewesen – dann legt er sich den Ball von mir sorgfältig aufs Gras und haut ihn mit dem Vierer-Eisen in herrlichem Bogen übers Wasser, wobei er begeistert fragt, ob ich das gesehen habe, wirklich super dieser Schlag, der einen immer wieder versöhnt mit den Mißlichkeiten, und es müsse an seinem neuen Schwung liegen oder an den neuen Schlägern und ob ich wisse, daß die in Amerika viel billiger sind als hier, aber die hätten ja auch mehr Plätze und mehr Spieler – Umsatz ist alles, sagt Herr Kwatschke, und da könne man hierzulande noch sehr viel lernen; dann setzt er zu seinem vierten Putt an und sagt, daß die Grüns in Amerika viel besser seien, vor allem schneller und er müsse sich erst umgewöhnen, weil er gerade da war, und den neuen Putter habe er auch mitgebracht, und jeder wisse ja, wie das ist mit dem neuen Putter, zu dem jeder ja ein ganz besonderes Verhältnis habe, was ja von den Stimmungen abhänge – und schließlich sei er, Herr Kwatschke, ja beruflich angespannt und direkt vom Schreibtisch hinaus in die freie Natur, dann habe man den Kopf noch voll, und ob ich übrigens das Lokal kenne, gleich gegenüber habe er sein Büro, er esse oft dort – ganz vorzüglich und könne nur raten, es auch einmal zu besuchen, vor allem die Forellen, ehrlich – und als Herr Kwatschke schließlich am Letzten mit dem Achten einloch und sagt, er habe ja noch einen Bogey gerettet, und sich für die schöne Runde bedankt und lobt, daß ich ein so netter Mitspieler gewesen sei, der einem nicht durch vieles Reden auf die Nerven geht und scherzt, Reden ist Silber – Schweigen ist Golf, hahaha, bedanke ich mich ebenfalls für die schöne Runde.

Über Moses

Als ob es nicht bereits genug Verzweiflung, Frustration und Elend in diesem Spiel gäbe: Nein – um all dem auch noch die Krone aufzusetzen, gibt es gleich zwei Organisationen auf der Welt, die sich die Kompetenz für die Regeln streitig machen. Die eine nennt sich ›United States Golf Association‹ (USGA), die über alle politischen Grenzen hinweg auch noch in Kanada herrscht, die andere ist der mehrfach erwähnte ›Royal and Ancient Golf Club of St. Andrews‹ in Schottland, der einem Europäer nicht nur geographisch näher liegt, sondern auch historisch einleuchtender erscheint, weil der Erzbischof den Leuten dort schon anno 1553 die Genehmigung erteilte, dieses Spiel auf gemeindeeigenem Grund zu betreiben. Zu jener Zeit rannten dort, wo die USGA ihren Sitz hat, noch die Indianer herum, und Christoph Columbus war zwei Jahre alt.

Gravierende Unterschiede zwischen den beiden Regelmachern fielen früher in erster Linie im Zusammenhang mit den Bällen auf. Der britische Ball soll einen Durchmesser von 1,62 Inches haben; weiß der liebe Himmel, wie man auf diese krumme Zahl kam, die schon krumm genug durch das System der Inches (Zoll) wird. Auf jeden Fall sind das 4,1148 Zentimeter. Die Amerikaner, die es immer gern eine Nummer größer haben, bestimmen, daß ihr Ball 1,68 Inches im Durchmesser haben muß – also 4,2672 Zentimeter. Die 1,524 Millimeter Differenz waren also jene Welt, die uns entscheidend trennt. Ohne Spaß: Als ich einmal zu Hause einen amerikanischen Ball auspackte, drohte mir Disqualifikation. Andererseits finden Turniere heute nur noch mit amerikanischen Bällen statt, weil damit das meiste Geld bei den Profis verdient wird. Genug davon.

Um auch etwas Gutes über die Regelhüter in den USA und in Schottland zu sagen, muß man darauf hinweisen, daß sie sich sonst auf gleichlautende Gesetze geeinigt haben. Warum es dann überhaupt zwei Körperschaften dieser Art gibt, hängt wahrscheinlich damit zusammen, daß die erst 1894 gegründete USGA keine Lust hatte, sich von Nordeuropa aus regieren zu lassen. So ist das nun einmal.

Der entscheidende Unterschied beider Regelbücher liegt in den Ausführungsbestimmungen. In der amerikanischen ›Präambel‹ steht mehr oder minder deutlich, daß jedes Wort der Regeln so auszulegen ist, wie es dasteht; das bedeutet, daß es keine Auslegung und kein Herumdeuteln gibt. Seit Moses mit seinen in Stein gemeißelten Geboten vom Sinai stieg, hat es das nicht mehr gegeben. Inzwischen sind seine Anordnungen allerdings durch das Bürgerliche Gesetzbuch ausführlich definiert worden. Vielleicht wollten die USGA-Leute einem solchen Papierwust auch aus dem Weg gehen, was ja immerhin lobenswert ist. Wenn da steht »Du sollst nicht schwindeln«, dann reicht das ja auch genauso wie »Du sollst nicht ehebrechen«.

Andererseits definieren die amerikanischen Experten einen Schlag so, daß damit die »Vorwärtsbewegung eines Schlägers in der Absicht« gemeint ist, »den Ball ehrlich zu schlagen und zu bewegen«. Da es aber bei der Ausholbewegung zuerst aufwärts, dann abwärts, dann rückwärts und ganz zuletzt erst vorwärts geht, ist es ziemlich schwierig festzustellen, wann nun genau der ehrliche Schlag beginnt. Ich könnte also sagen, ich habe ehrlich nicht geschlagen, was mir vor allem einfällt, wenn ich den Ball dort hinten im Teich spritzen sehe.

Die Weisen von St. Andrews indessen, die ihren Namen wohl auf den Bruder des Apostel Petrus zurückführen, verzichten auf das Dogma ihrer Regeln, was so viel bedeutet, daß sie sie dem Sinne nach auslegen und nicht dem geschriebenen Wort nach. Das hört sich vernünftiger an, kann aber natürlich ebenfalls zu Komplikationen führen. In der Regel 28 heißt es: »Überall auf dem Platz, außer im Wasserhindernis, kann ein Spieler seinen Ball für unspielbar erklären. Ob der Ball unspielbar ist, unterliegt einzig und allein der Entscheidung des Spielers.« Natürlich bekomme ich dann einen Strafschlag. Anders ist es nach Regel 25, bei »Behinderung durch zeitweiliges Wasser, Boden in Ausbesserung oder Loch, Ausgeworfenes oder Laufspur eines Erdgänge grabenden Tiers, eines Reptils oder eines Vogels«. Wenn das erfüllt ist, gibt's keine Strafe. Oder vielleicht doch?

Und alles das geschieht mir armem Würstchen, welches sich den Kopf darüber zermartert, warum die Kugeln ausgerechnet heute nicht fliegen! Soll ich vielleicht nach Amerika auswandern? Da weiß ich wenigstens, daß ich mit den Moses-Nachfolgern nicht feilschen kann.

Apropos Moses: Wird er nicht meistens mit einem krummen Stab abgebildet? Hat er vielleicht dort oben auf dem Berg nicht nur die Zehn Gebote aufgeschrieben, sondern zwischendurch ein bißchen das Putten geübt? Dann könnte er vielleicht sagen, wann rückwärts-aufwärts-abwärts-rückwärts aufhört und vorwärts anfängt. Die von der ›United States Golf Association‹, die sich schon den größeren Ball ausgedacht haben, werden seine Erklärungen aber kaum gelten lassen.

Wie man ein Hole-in-One erzielt

Es ist eine allseits bekannte Tatsache, daß es zum Golfthema mehr Bücher gibt als zu irgendeinem anderen in der Sport-Literatur. Ich besitze vier Bände mit dem vielverheißenden Titel ›Golf, aber richtig‹, nicht weniger als acht nennen sich schlicht ›Golf-Lehrbuch‹ (wobei ich ›Lehrbuch Golf‹ einfacherweise hier mit eingerechnet habe), fünf Bücher befassen sich mit dem ›kurzen Spiel‹, drei heißen ›Putten – leicht gemacht‹, achtzehn tragen die Aufschrift ›Besser Golfen mit…‹, wobei da beliebig jeder Spieler eingetragen werden kann, der im Laufe der letzten drei Jahrzehnte einmal die Open für sich entschied – sechs Bände sind mit ›Der komplette Golfer‹ (in der angelsächsischen Variante: ›The Complete Golfer‹) überschrieben und eines heißt mit schönem Understatement ›Die Golf-Bibel‹. Die Aufzählung dieser längst nicht kompletten Auswahl beweist dreierlei: 1. Golfspieler können die Tinte nicht halten. 2. Es ist für einen ernsthaften Autoren wahnsinnig schwer, ein originelles Thema zu finden. 3. Der einzige noch freie Buchtitel, der bisher noch juristisch ungeschützt verfügbar ist, heißt: ›Wie man ein Hole-in-One erzielt‹.

Es muß zugegeben werden, daß es sich dabei um einen relativ kleinen Teilbereich dieses Spiels handelt, der aber nichtsdestoweniger in vielen Gesprächen und Gedanken aller Ausübenden eine gewisse Rolle spielt. Wenn man das Hole-in-One (vulgärer: das As) in ein Verhältnis zu der Gesamtzeit einer Runde über achtzehn Loch setzt, ist es mit Sicherheit kaum der Rede wert: Vom Betreten der für den Abschlag vorgesehenen Zone (dem sogenannten Tee) über das Einstecken des für die Ballauflage vorgesehenen Stiftes aus Holz oder Plastik (dem ebenfalls sogenannten Tee), Ballansprache, Schwungdurchführung, Ballflug und eventuellem Ballrollen bis zum Eintritt in das Loch dürfte rund gerechnet eine Minute vergehen. Wenn man davon ausgeht, daß das einigermaßen schleunige Spiel über achtzehn Loch eine Zeit von zweihundert Minuten in Anspruch nimmt, so kommt man zu der überraschenden Erkenntnis, daß ein Hole-in-One lediglich ein halbes Prozent der Gesamtspielzeit ausmacht. Trotzdem: Die Tatsache der sich nach einem Hole-in-

One einstellenden Begeisterung, die sich in Windeseile über das gesamte Gelände verbreitet, beweist, daß es sich hier um ein relevantes Thema handelt, welches die Bedeutung eines Fünfzehn-Meter-Putts oder eines Vierzig-Meter-Chips ins Loch entscheidend übersteigt. Und das, obgleich auch diese Schläge ungefähr den gleichen Zeitraum in Anspruch nehmen. Es beweist weiter, daß die Berechtigung für einen Buchtitel wie ›Wie man ein Hole-in-One erzielt‹ mit Sicherheit gegeben ist und man einer weiten Leserschaft gewiß sein kann.

Zunächst einmal gehen wir davon aus, daß folgende Frage jeden Golfspieler brennend interessiert: Warum ist es erstrebenswert, ein Hole-in-One zu erzielen? Schon hier stellt sich heraus, daß es mit einer Antwort allein nicht getan ist. Zuallererst muß da das Argument der Zeit und Schlagersparnis genannt werden. Bei einem Hole-in-One braucht der Spieler seinen Ball nicht im Rough zu suchen oder – falls er tatsächlich das Grün getroffen haben sollte – enthebt es ihn des immer wieder lästigen Puttens, welches oft genug selbst dann ein enttäuschendes Resultat nicht ausschließt, wenn der Ball nur wenige Zentimeter neben dem Loch liegen bleibt. Ein Hole-in-One erleichtert auch dem zählenden Mitspieler seine nicht immer leichte Aufgabe und es gibt keine Diskussionen zwischen Zähler und Spieler, die das Spiel so leicht verlangsamen. Der Spieler, dem ein Hole-in-One gelang, braucht das Grün nur zu betreten, um seinen Ball aus dem Loch zu holen – eine Tätigkeit, die von niemand angezweifelt werden kann. Abgesehen von diesen momentanen Erleichterungen bringt der Ruf, ein Hole-in-One erzielt zu haben, zweifelsohne eine gewisse Image-Anreicherung – nicht nur als Golfspieler, sondern auch als Mensch (die Differenzierung zwischen beiden Begriffen ist durchaus beabsichtigt). Freundschaften, die lange unbemerkt im Verborgenen blühten, brechen leidenschaftlich hervor und äußern sich in wildem Schulterklopfen und viel lobenden Worten. Hersteller von stärkenden Getränken senden Proben ihrer Produkte nebst Urkunden – man wird in Zeitschriften erwähnt, was weitere Präsente zur Folge haben kann: Elektrorasierer, Golfbälle, Freiabonnements, vielleicht sogar Möbel, Preisnachlässe im Proshop oder Heiratsangebote. Selbstverständlich gibt es die

Anbringung einer Messingplakette mit dem Namen auf der dafür vorgesehenen Tafel im Clubhaus sowie die Mitgliedschaft in einem Hole-in-One-Club. Das Schönste: Man kann endlich einmal all jenen, die auch gerade auf dem Platz waren und denen man schon immer einmal gerne einen ausgeben wollte, eine Erfrischung stiften, ohne auf den Geburtstag oder ähnliche Tage Rücksicht nehmen zu müssen. Es ist ein freudiges Ereignis, das man selbst geschaffen hat.

Im Vorstehenden ist sehr oft vom Zeitfaktor die Rede gewesen. Aus diesem Grunde halten wir die Beantwortung der folgenden zweiten Frage für wichtig: Wann kann man am besten ein Hole-in-One erzielen? Auf Grund unserer langjährigen Erfahrung halten wir die Monate Mai und August sowie vielleicht die erste Septemberhälfte für am meisten geeignet. Wir gehen dabei noch nicht einmal davon aus, daß es sich um eine besonders freundliche Witterung handeln muß – Sturm und Regen mögen sich zwar oft störend auf den Gesamt-Score einer Runde auswirken, aber es muß hier ein für allemal erklärt werden, daß ein Hole-in-One sich nur in seltenen Fällen entscheidend auf diesen Gesamt-Score auswirkt. Hier ist vielleicht eine statistische Erhebung von einigem Interesse: Dreiundfünfzigkommasieben Prozent aller Runden, in denen ein Hole-in-One vorkam, wiesen am Schluß einen Score über Hundert aus! Außerdem ist es so, daß starke Winde durchaus auch dazu beitragen können, einen etwas fehlerhaft geschlagenen Ball doch noch auf das Grün zu treiben, von wo es ja nicht weit bis zum Loch ist. Ähnliche Vorteile vermag auch Regen zu geben, der einen vielleicht weit über das Loch hinausrollenden Ball so stoppt und lenkt, daß er seinen Weg findet. Selbstverständlich bedeutet das keineswegs, daß ein Hole-in-One bei strahlendem Sonnenschein und trockenem Fairway nicht etwa auch möglich wäre. Wie gesagt: Wir sprechen hier vom ›Wann‹ und nicht vom ›Wie‹. Natürlich hat es auch seine Vorteile, die frühen Morgenstunden für das Hole-in-One vorzusehen, aber man enthebt sich dabei der bereits geschilderten Freude, einer ausreichenden Anzahl von Mitspielern kleine Erfrischungen reichen zu können, da diese dann meist noch nicht da sind. Übrigens: In keinem Falle sollte man es versäumen, wenigstens einen Mitspieler dabei zu haben, der als glaubwürdiger Zeuge anerkannt wird. Es ist besser, dafür zu sorgen, daß es sich bei diesem Mitspieler um keinen nahen Verwandten oder gar ein Ehegespons handelt, der von seinem Zeugnisverweigerungsrecht Gebrauch machen könnte.

Bei der Vorbereitung auf den Schlag, der zu einem Hole-in-One führen soll, gilt es eine ganze Reihe von Imponderabilien zu beachten. Ich rate zu einem Schuh, über dessen Paßform nie ein Zweifel bestanden haben sollte – selbst nicht in seinen frühen Tagen. Es gibt Schuhe, die erst mit der Zeit passend werden – von solchen rate ich ab. Es muß einer sein, der von der ersten Sekunde an paßte, und zwar wie angegossen. Natürlich Spikes – keine Noppen. Falls erforderlich sollte man vor dem Schlag die Sohle und die Spikes von allzu kräftigen Grasresten reinigen, wozu man sowohl ein Tee (siehe weiter oben) oder auch eines von jenen Gäbelchen benutzen kann, die für Ausbeulung von Pitchmarken auf dem Grün konstruiert wurden. Die Schuhe sollten fest geschnürt sein, aber so, daß sie nicht drücken. Viele Spieler sind der Meinung, daß die Socken keiner besonderen Beachtung bedürfen: Das ist falsch! Ich rate zu Socken aus reiner Wolle, die in ihrem unteren Teil leicht verstärkt sind. Aus statistischen Erhebungen ist zu ersehen, daß die meisten Hole-in-One's (über achtzig Prozent) in weißen Socken erzielt wurden, oder zumindest in solchen, bei denen die Farbe Weiß dominierte. Es wurde bei dieser Erhebung übrigens festgestellt, daß kein einziges Hole-in-One im Laufe der letzten zehn Jahre von einem Spieler erzielt wurde, der violette Socken trug. Wir schließen daraus, daß sich diese Sockenfarbe für ein Hole-in-One nicht eignet. Ähnliches gilt für Shorts: Für Damen mögen Bermudas oder diese sogenannten Hosenröcke gerade noch angehen, da fast die Hälfte (achtundvierzig Prozent) aller Damen-Hole-in-Ones mit solcher Bekleidung erzielt wurden. Für Herren aber müssen lange Hosen gelten (zweiundneunzig Prozent), wobei trotz aller Modeerscheinungen darauf hinzuweisen ist, daß die Zahl der in Karierten erzielten Hole-in-Ones so gering ist, daß sie statistisch kaum zu erfassen ist. Interessant ist in diesem Zusammenhang, daß die Farbe sowohl bei den Hosen wie beim Hemd gar keine Rolle spielt. Allergrößten Wert ist allerdings auf die Unterwäsche zu legen: Sie sollte aus einem flauschigen Material bestehen und eine straffe Bequemlichkeit garantieren, die einerseits nicht hinderlich sein, andererseits auch nicht herumschlabbern darf. Viele berechtigte Chancen auf ein Hole-in-One wurden zunichte, weil man zu wenig auf die eminente Wichtigkeit solcher Einzelheiten achtete.

Eine immer wieder an den erfahrenen Hole-in-One-Schützen herangetragene Frage bezieht sich darauf, was er denn dabei gedacht habe und wie er sich auf dieses Ereignis zu konzentrieren vermochte. Hier ist es dringend erforderlich, sich von einer althergebrachten Vorstellung zu trennen: Eine besondere Konzentration auf den Hole-in-One-Schlag ist nicht nur überflüssig, sondern sogar schädlich. Es hat keinen Sinn, wenn der Spieler vorsichtig formuliert: »Es wäre sehr nett, wenn ich jetzt ein Hole-in-One erzielen würde!« Oder wenn er grobe Alternativen setzt: »Wenn ich jetzt kein Hole-in-One erziele, werde ich alle meine Schläger zerbrechen!« Derartige Äußerungen zerstören das innere Gleichgewicht und das Selbstvertrauen. Sie sorgen außerdem für einen gewissen Druck, der sich noch verstärkt, wenn ein Mitspieler darauf meint: »Das glaubst du doch selber nicht!« Gesetzt den Fall, man hat die Debatten um den Score des vorangegangenen Lochs beendet, vermag eine beiläufige Plauderei für jene leichte Atmosphäre sorgen, die für ein Hole-in-One unumgänglich ist. Nehmen wir einfach an, das Loch sei einhundertvierzig Meter entfernt, hundert Meter Wasser dazwischen, Windstille, mäßig warm, früher Septemberabend. Einer der Spieler meint, er werde sein Eisen Sieben nehmen – ein anderer sagt, daß das ein Blödsinn sei, man brauche wenigstens ein Fünfereisen – der Hole-in-One-Aspirant erklärt, er neige zum Sechser, greift aber zum Vierer. Selbstverständlich läßt sich das variieren: Es kommt uns hier lediglich darauf an, die Spannung zu lösen und eine stillheitere Stimmung zu illustrieren, die als Voraussetzung für ein Hole-in-One gelten muß.

Schlußendlich kommen wir zu der Durchführung des Schlages, der zu einem Hole-in-One führen kann. Nachdem wir die Auswahl des Schlägers völlig der Individualität des Spielers überlassen (es wurden Hole-in-Ones über hundertvierzig Meter sogar schon mit dem Driver erzielt!), raten wir dringend zu einem Stand, der parallel zu der vorgesehenen Fluglinie des Balls ausgerichtet ist. Es besteht zwar auch die Möglichkeit, den linken Fuß ein wenig nach außen zu stellen (zwei Zentimeter von dieser Parallelität entfernt) – wir sprechen hier von dem sogenannten ›offenen Stand‹; das würde allerdings bedeuten, daß dann auch das Schlägerblatt eine Kleinigkeit zu öffnen wäre – eine Koordination, die vielen Spielern etwas Schwierigkeiten bereitet. Wir bleiben also besser bei der Parallelstellung und richten auch das Schlägerblatt darauf ein; es muß im rechten Winkel zu der gedachten Fluglinie stehen – der Anglophile nennt das ›square‹. Wir bevorzugen den sogenannten ›overlapping‹ Griff, obgleich gegen den ›interlocking‹ Griff nur die Tatsache der Statistik spricht: Mit dem ›Überlappenden‹, den wir dem unvergessenen Harry Vardon verdanken, sind in der Vergangenheit weit mehr Hole-in-Ones erzielt worden als mit dem ›Eingehakten‹. Die Knie bequem eingeknickt, der Rücken gerade, der Griff fest, aber nicht verkrampft – der ruhige Kopf. So kommen wir zum eher bedächtigen Rückschwung unter Einsatz der Handgelenke und der Gewichtsverlagerung auf den rechten Fuß – dann zur Einleitung des eigentlichen Durchschwungs mit der Gewichtsverlagerung auf den linken Fuß und dem Auslaufen des Schlägers hinter der linken Schulter. Irgendwann zwischendurch knackt das Schlägerblatt gegen den Ball und bringt ihn auf jene Bahn, die ein Hole-in-One zur Folge hat. Eines ist sicher: Die Erzielung eines Hole-in-One bedeutet selbst für den etwas geübten Anfänger keine größere Schwierigkeit als die, die auch ein ganz normaler Schlag mit sich bringt, der kein Hole-in-One zur Folge hat. Kurz: Es ist kinderleicht, aber die sich einstellende Euphorie ist eine Erfahrung, für die es sich lohnt, gelebt zu haben.

Obgleich wir hier sogar auf die Erwähnung vieler wichtiger Details verzichteten – zum Beispiel die Beschaffenheit des Tees (wir bevorzugen Holz und zwar in Weiß), die Anbringung desselben im Boden (wir bleiben bei einer lichten Höhe von etwa drei Zentimetern) oder die Auswahl des richtigen Balls (je nach Witterung oder Beschaffenheit des Bodens) – dürfte jedem bis hierher gefolgten Leser klargeworden sein, daß das Thema »Wie man ein Hole-in-One erzielt« mit Leichtigkeit zu einem handlichen Buch auszubauen wäre, welches nicht nur auf Grund seiner Originalität einen weiten

Interessentenkreis finden würde. Denn das ist das Entscheidende: Erst wenn ein Mensch es geschafft hat, seine genußvollen Erfahrungen der Nachwelt mitzuteilen, damit sie ihrer ebenfalls teilhaftig werden kann, ist er als nützliches Mitglied der Gesellschaft zu betrachten.

Über Typen

Wehe, es gelingt mir ein Schlag, von dessen Qualität ich vielleicht selbst am meisten überrascht bin: Sofort kommt Herr Murmelmann auf mich zugestürzt und fragt, welchen Schläger ich benutzte. Anschließend schüttelt er den Kopf und meint: »Ich hätte niemals geglaubt, daß Sie für das kleine Stückchen das Eisen 5 nehmen. Gestern lag ich hier genauso und habe das Siebener genommen – direkt neben die Fahne, wie Sie jetzt!«

Wenn Herr Murmelmann selbst schlägt, treten ihm die Knöchel weiß aus den Händen. Ich bin davon überzeugt, daß er eines Tages einen Griff ganz einfach zerquetscht. Außerdem preßt er die Lippen zusammen, die Adern quellen an der Schläfe, die Muskelstränge am Hals sehen aus wie bei einem Gewichtheber, der die Hantel im dritten Versuch schaffen muß. Ich bin davon überzeugt, daß Herr Murmelmann mich nicht nur still verachtet, sondern diese Verachtung auch laut kundtut, sobald ich außer Hörweite bin.

Dabei kann selbst ich nicht einmal sagen, daß Herr Murmelmann viel besser spielt als ich. Er ist ein Prügler. Jeder Schlag, bei dem der Ball kürzer als zweihundert Meter fliegt, gilt ihm als mißlungen. Da das Loch aber nur dreihundert Meter entfernt ist, hat er in der Nähe des Grüns seine Schwierigkeiten. Es stinkt ihm gewaltig, wenn ein Schlappschwanz wie unsereiner mit zwei Schlägen zu je hundertfuffzig Metern auch dort ist und womöglich mit dem zweiten Putt einlocht.

Ganz anders ist Herr Stellmann. Ihm ist es völlig wurscht, was die anderen machen. Ich habe ihn im Verdacht, daß ihm auch das

Ergebnis egal ist. Herr Stellmann liebt die Grazie des Schwungs, und zwar vor allem die seines eigenen. Wenn es Preise für den schönsten Schwung geben würde – Herr Stellmann wäre da ein ungeschlagener Weltmeister. Ich glaube, er hat sich einen Ballettsaal gemietet, wo sich an der Wand diese großen Spiegel befinden, und übt die Pose. Herr Stellmann hält sich für einen Golf-Nurejew.

Leider hat er nicht ganz die Figur eines Ballerino. Genauer: Herr Stellmann hat einen ordentlichen Bauch, einen Stiernacken und einen dicken Kopp. Derartiges muß ja nicht unbedingt gegen ihn sprechen, denn Menschen mit barocker Lebensweise besitzen durchaus sympathische Charakterzüge. Nur, daß Herr Stellmann meint, er müsse ein Golf-Rokoko zelebrieren, sieht manchmal komisch aus. Die Probeschwünge, die er abseits absolviert, sind in der Tat für jeden Ästheten ein Genuß: Die Art, in der er seine Finger um den Schlägergriff legt, erinnert mich an einen Pianisten. In einem Film über Arthur Rubinstein habe ich das sehr bewundert. Die Art wie er den Schläger vor sich anhebt, um zufrieden dessen Position und die millimetergenaue Anordnung seiner Finger zu betrachten, ähnelt einem stillen Gebet. Mit seinen großen Füßen sucht er akribisch den richtigen Stand; wenn er ihn gefunden hat, knickt er etwas abrupt in die Knie, was ihm etwas lauerndes verleiht. Wenn er dann endlich schlägt, ist alles perfekt – bis zum Durchschwung. Er verharrt in dieser Position sehr lange, wobei der rechte Fuß nur mit der Spitze den Boden berührt. So wie der Kerl im Schwanensee. Nur daß Herr Stellmann ein bißchen korpulenter ist.

Kürzlich hatte er seine Frau mitgebracht, die mit einer Videokamera bewaffnet war. Sie mußte jede Phase seines Schlages aufnehmen. Zu Hause freute er sich dann wohl an seiner Grazie, der Narziß.

Von Herrn Hippeler muß man sagen, daß er zur Ungeduld neigt. Er kann es überhaupt nicht vertragen, wenn da einer länger als zwei Sekunden braucht, um sich mit dem Ball über die Geschehnisse zu unterhalten, die da jetzt gleich vor sich gehen sollen. Er stößt dann sehr geräuschvoll die Luft durch die Nase. Herr Hippeler trippelt hippelig am Abschlag wie ein Rennpferd, welches man zum Start führt. Er kann die Füße nicht still am Boden halten, sogar während des Schlages trippelt er noch. Wenn es ginge, würde er wohl am liebsten mit einem richtigen Anlauf schlagen.

Nach seinem Schlag läßt er sich durch nichts in der Welt davon abhalten, seinem Ball im Dauerlauf hinterherzurennen, vielleicht aus Angst, daß ihn jemand so unbeaufsichtigt stehlen würde. Es kümmert ihn wenig, daß er sich dabei in Lebensgefahr begibt: Schließlich wollen die anderen hinter ihm auch noch schlagen. Ich glaube, daß unter den schrecklichen Golfball-Opfern, denen, wie man immer wieder hört, eine Kugel den Schädel zerschmettert habe, besonders viele Verwandte von Herrn Hippeler sind. Sie können einen verrückt machen mit ihrer Hippeligkeit.

Ein Wort sollte man noch auf Herrn Modler verwenden. Nein, nicht auf jenen, der immer so aussieht, als sei er eben dem Schaufenster entstiegen, sondern auf einen anderen Herrn Modler. Ich muß sagen, daß ich Herrn Modler ein wenig bewundere, weil er sich den Teufel um Kaschmir-Pullover und karierte Hosen kümmert. Der Herr Modler, den ich meine, trägt im Sommer seine Fußballschuhe auf, die er in der Jugend beim FC Sensenheim an der Sense strapazierte und seither aufhob, weil sie ja zum Wegschmeißen zu schade waren. Es ist anzunehmen, daß diese Kickstiefel aus einer Zeit stammen, in der sie vorne noch Stahlkappen drin hatten. Im Frühjahr und Herbst ersetzt er sie durch Gummistiefel von jener stabilen Art, wie sie aus Restbeständen der Bundeswehr hin und wieder angeboten werden. Aus der gleichen Quelle hat er Hosen, Hemd und auch den Parka bezogen; letzterer könnte allerdings auch aus dem Requisiten-Fundus des berühmten Filmes ›Im Westen nichts Neues‹ stammen.

Wie gesagt, gegen Herrn Modler war nichts zu sagen, und ein bißchen bewundere ich ihn. Das einzige, was ich gegen ihn einzuwenden hätte, ist seine Gewohnheit, jeden Fairway-Rand, jedes Gebüsch und jedes Unterholz nach einem eventuell verlorenen Ball abzusuchen. Herr Modler hat noch nie im Leben einen Ball gekauft.

Zu erwähnen bliebe höchstens noch Herr Plaudermann, mit dem zu spielen immer ein Vergnügen ist. Er weiß die schönsten Geschichten zu erzählen, er kennt jeden Klatsch im Club, er ist weitgereist und hat schon mit Gott und der Welt gespielt. Es passiert oft, daß man tief in ein Gespräch vertieft ist und dabei sogar am Ball vorbeiläuft. Beim Spiel mit Herrn Plaudermann stört eigentlich nur das Spiel.

Zuallerletzt ist da noch jener Mann, der leider schon genau weiß, was ihm heute mit seinen langen Schlägen widerfahren wird, der an seinen Chips zweifelt, und der ziemlich davon überzeugt ist, im Schnitt drei Putts zu benötigen. Das ändert nichts daran, daß er sich einen genauen Plan vorgenommen hat, der bei jedem professionellen Spieler höchste Anerkennung finden würde. Der Plan besitzt nur einen Fehler: Der Mann kann ihn nie und nimmer einhalten. Dieser Mann bin ich.

Keine Rede vom Aberglauben – toi, toi, toi

Natürlich halte ich überhaupt nichts von Aberglauben, aber ich würde beispielsweise nie mit einem roten Tee spielen, weil ich sicher bin, es wird ein Hook – das ist links. Schwarze Tees führen zu einem Slice, wie jedermann weiß – das ist rechts. Ein gelbes/blaues Tee garantiert zwar einen schönen, geraden Schlag, aber er ist nicht weit – sozusagen unter der Fünfprozentklausel. So viel zur politischen Lage und ihrer Nutzung für das Golfspiel. Grüne Tees nehme ich übrigens nur aus dem Grunde nicht, weil niemand sie wiederfindet.

Ich halte überhaupt nichts davon, sich bei diesem Spiel auch noch mit Aberglauben zu belasten. Aber es ist völlig klar, daß man am Dreizehnten (das muß gar kein Freitag sein) keinen vernünftigen Score zusammenbekommt – am besten, man streicht diesen Termin aus dem Turnierkalender. Obgleich es mit Aberglauben natürlich überhaupt nichts zu tun hat, darf um Himmels willen das Bag nicht hinter mir stehen – es muß vor mir abgestellt sein, ein bißchen nach rechts. Falls das nicht geht, weil sich gerade dort der Bunker befindet oder ein Gewässer, brauche ich mich nicht zu wundern, wenn der Ball so blödsinnig getopt wird, daß er wie ein verrückt gewordener Karnickelschwanz davonhoppelt. Was die Bälle anbetrifft, so lehne ich selbstverständlich jede Spur von Aberglauben ab. Es wäre auch weit gefehlt zu sagen, daß ich jeden Ball, mit dem ein schlechtes Loch zustande kam, sofort auswechseln würde. Aber wenn er beim ersten Schlag in die Bäume, beim zweiten ins Rough und beim dritten in den Bunker fliegt, hat dieser Ball einen schlechten Charakter, wie jeder sofort erkennen muß. Einen solchen Ball sollte man sofort ganz unten ins Bag verstauen, oder vielleicht einem Partner schenken, der ein besseres Handicap hat; der wird sehen, wie er damit zurechtkommt. Aus dem gleichen Grunde vertrödele ich meine Zeit nur ungerne damit, einen Ball zu suchen. Wenn das runde Ding glaubt, seine eigenen Wege gehen zu müssen, zerstört es damit eine Vertrauensbasis – der Ball ist treulos und einem nicht gewogen. Ich begegne deshalb auch gefundenen Bällen zunächst mit einigem Mißtrauen, da sie ihre Treulosigkeit ja bereits bei einem anderen bewiesen haben. Ich gebe allerdings zu, daß man auch Bälle finden kann, die sich dann als sehr gute Freunde herausstellen; es paßt eben nicht jeder Ball zu jedem Spieler.

Bälle mit der Nummer 2 spiele ich allerdings aus Prinzip und nach Möglichkeit überhaupt nicht – es sei denn, sie sind geschenkt. Ich würde nie eine Schachtel mit Bällen der Nummer 2 kaufen. Dabei habe ich im täglichen Leben grundsätzlich nichts gegen die Zahl 2 – nur beim Golfen. Bälle mit dieser Zahl pflegen an den einsam mitten im Fairway stehenden Mast der Überlandleitung zu fliegen und von dort ins tiefste Rough zu springen – oder sie treffen gar im schönsten, geradesten Flug die daumendicke Leitung dort oben mit dem gleichen Resultat. Einmal stand da ein einsamer Baum – es war wirklich ein Kinderspiel, aus einer Entfernung von fünf Metern daran vorbeizuschlagen.

Der Ball mit der Nummer 2 prallte aus unerfindlichen Gründen doch gegen den Baum und von dort gegen den Arm, der sofort bedrohlich anschwoll. Mit einem Ball der Nummer 1 oder Nummer 3 ist mir das noch nie passiert. Deshalb spiele ich nach Möglichkeit keine Bälle mit der 2, wie jedermann auf Grund dieser Ausführungen leicht begreifen wird. Mit Aberglauben hat das selbstverständlich nichts zu tun. Über farbige Bälle will ich mich nicht äußern. Ich habe einmal einen pinkfarbenen Ball auf eine quadratmetergroße Insel im Teich geschlagen, wo er dann den ganzen Sommer liegen blieb und jedes Mal höhnisch herübergrinste, wenn ich daran vorbeikam. Natürlich hätte das auch mit einem weißen Ball passieren können – ist aber nicht. Der Pinkfarbene trug übrigens ebenfalls die Nummer 2.

Obgleich es natürlich mit Aberglauben überhaupt nichts zu tun hat, ist es völlig klar, daß man mit roten oder grünen Socken nicht spielen kann – es geht vielleicht mit hellblauen, aber am besten sind weiße. Es fällt mir sogar schwer, mich zu konzentrieren, wenn meine Mitspieler mit Socken in Rot oder Grün spielen – wenn ich selber derartige Farben trage, macht mich schon der Gedanke daran nervös. Ähnliches trifft auf grünkarierte Hosen zu – vor allem wenn dieses Grün nicht mit dem Grün des Rasens harmoniert.

Das liegt aber wahrscheinlich nur an meiner hochentwickelten Farbsensibilität – keinesfalls darf man das mit einem Aberglauben in

Verbindung bringen, der mir nach wie vor außerordentlich ferne liegt. Was die Farbe der Hemden und Pullover anbelangt, so bin ich relativ unempfindlich. Sie müssen allerdings einfarbig sein. Es soll ja Menschen geben, die auch in einem scheckigen Pullover oder einem geblümten Hemd sehr ordentliche Scores zusammenbringen – auf mich trifft das nicht zu. Ich weiß genau, daß ich in einem solchen Dress kaum einen Ball vernünftig treffe. Ganz besonders wichtig sind die Eßgewohnheiten vor einem Turnier. In einem Hotel gab es zum Frühstück einmal sehr gutes Rührei mit Speck und anschließend habe ich für meine Verhältnisse recht gut gespielt. Ich aß vier Tage hintereinander zum Frühstück riesige Portionen Rührei mit Speck und spielte jedes Mal zufriedenstellend. Am fünften Tag gab es aus irgendwelchen Gründen keine Rührreier mit Speck und ich spielte erbärmlich, woraus ja logisch zu folgern ist, woran es lag. Ich hatte eine längere Unterhaltung mit dem Geschäftsführer, der den Zusammenhang zwischen meinem Drive und Rührreiern mit Speck zwar zögernd, aber schließlich doch begriff. Am nächsten Tag gab es zum Frühstück wieder Rührreier mit Speck, aber sie hatten ihre Zauberkraft verloren – ich spielte grauenvoll. Woraus jeder vernünftige Mensch ersehen kann, daß man Serien, die durch das Fehlen eines speziellen Frühstücks unterbrochen wurden, nicht wieder fortsetzen kann. Bei einer anderen Gelegenheit hatte ich am Abend vorher eine Pizza gegessen – und da sich am folgenden Tag ein schöner Erfolg einstellte, habe ich abends sofort wieder eine Pizza gegessen. Das ging ebenfalls drei Tage gut – dann riß die Serie trotz Pizza. Allerdings war ich da nicht so besonders unglücklich, denn eigentlich mag ich keine Pizza.

Eine sehr wichtige Rolle spielt der Handschuh, was – ich muß das noch einmal wiederholen – mit Aberglauben nun wirklich nichts zu tun hat. Einen Handschuh, mit dem man einmal eine gute Runde gespielt hat, muß man sehr gut aufheben und nur zu wichtigen Gelegenheiten herausholen; er ist selbst dann noch besser als ein neuer, wenn er bereits zerschlissen ist, am Handballen und an verschiedenen Fingern Löcher aufweist und überhaupt nach dem letzten Regen so verkrumpelt ist, daß er von einem Stück vertrocknetem Schafsdreck kaum noch zu unterscheiden ist. Bis man zu einem neuen Handschuh eine solche Vertrauensbasis entwickelt hat, vergeht geraume Zeit. Mit Aberglauben hat das nichts zu tun.

Eine interessante Beobachtung ergibt sich aus der Benutzung des Ball-Markers auf dem Grün. Das Knöpfchen, welches da oft am Handschuh angebracht ist, verschafft mir nie die innere Sicherheit, die man vor einem guten Putt haben sollte. Ich putte besser, wenn ich eine Münze verwende und zwar eine ausländische – egal woher. Warum das so ist, kann ich nicht sagen, denn mit Aberglauben kann das bei einem aufgeklärten Menschen ja kaum etwas zu tun haben.

Habe ich bereits darauf hingewiesen, daß sich auf dem Bauernhof in der Nähe des Clubhauses fatalerweise sehr viele schwarze Katzen befinden? Obgleich ich ja nun vom Aberglauben nichts halte, sollte man es vermeiden, daß die Katzen bei der Anfahrt die Straße von links nach rechts überqueren – von rechts nach links macht nichts. Das nur als Warnung. Ansonsten toi, toi, toi. Nein – ich halte überhaupt nichts vom Aberglauben.

Über Fairness

Wie jedermann weiß, ist der Golfsport so ungefähr das fairste, was man sich denken kann. Es gibt keinen, der die Etikette nicht respektiert. Oder höchstens in anderen Clubs. Nicht in unserem. Wahrscheinlich liegt das an der gewaltigen Konzentration, die einer aufbringen muß, wenn er den Ball anspricht: »Lieber Ball, flieg geradeaus und möglichst weit!«

Deswegen weiß ich nicht recht, ob ich die Geschichte von Herrn Abrolat erzählen soll, der den Keller voller Pokale hatte, der nie gegen die Etikette verstieß und trotzdem nie besonders beliebt war.

Herr Abrolat war zudem ein sehr höflicher Herr, der sich beim gemeinsamen Marsch hinter dem Ball immer einer sehr netten und höflichen Konversation befleißigte. Er pflegte beispielsweise ein völlig harmloses Gespräch zu beginnen: »Ach wissen Sie, was mir gestern passiert ist? Ich habe im Supermarkt Ihr Fräulein Tochter getroffen. Ist ja eine reizende junge Dame geworden. Und so frisch! Und diese Haare! So ein Blond habe ich noch nie gesehen! Sehr apart, muß ich sagen. Tja – die Kinder wachsen heran!«

Der Mitwanderer wollte sich ja eigentlich auf seinen nächsten Schlag konzentrieren, aber selbstverständlich gefällt es ihm, wie der Herr Abrolat über seine herangewachsene Tochter spricht. Selbst wenn er an den Haaren seiner Tochter gar nichts Besonderes findet, sondern daheim bereits mehrmals darauf hingewiesen hat, daß sie sich die langen Zotteln endlich abscheren lassen soll. Natürlich schweigt Herr Abrolat, wenn der Mitspieler sich seinem nächsten Schlag zuwendet.

Wenn sie dann gemeinsam weiterwandern, setzt Herr Abrolat seine Unterhaltung fort. »Diese jungen Leute sind ja heutzutage so unkonventionell und so erfrischend natürlich. Der junge Mann etwa, der Ihr Fräulein Tochter begleitete – also ich bewundere ja den Mut der Jugend. Wie mußten wir uns denn immer ordentlich anziehen?! Aber dieser junge Mann kam ganz lässig in seinen alten Jeans und dem T-Shirt daher. Es machte ihm nicht einmal etwas aus, daß man auf dem T-Shirt noch die Spuren einer Tomatensoße sah. Was soll's? Ach ja, man müßte noch einmal jung sein! Mein Vater hat immer Wert darauf gelegt, daß ich einen kurzen Haarschnitt hatte – aber diese Leute heutzutage! Ein Vollbart bis auf die Brust und der Schopf lang bis tief in den Rücken. Herrlich! Man könnte neidisch werden!« Der mitspielende Vater jener Tochter indessen hat natürlich keine Ahnung von dem Begleiter der jungen Dame und sagt: »Ja, ja, die Jugend!« Aber tief im Herzen beginnt ein unheimliches Knurren folgenden Inhalts: »Jetzt möchte ich wissen, mit welchem Kerl diese Göre da ausgerechnet in den Supermarkt gezogen ist?! Soso, einer von diesen Zauseln mit zugewachsenem Kopf, bei denen man nur an den Augen erkennen kann, wo vorne ist. Nicht einmal ordentliche Hosen hat er und ein verkleckertes Hemd auch noch! Hoffentlich kommt sie nicht auf die Idee und bringt diese Kreatur auch noch ins Haus! Ich muß unbedingt mit ihr reden, denn so geht das ja nicht weiter.«

So ungefähr gehen die geknurrten Gedanken jenes Mannes, der mit Herrn Abrolat eine gemütliche Runde spielen wollte oder sich bei diesem Turnierlein eine bescheidene Verbesserung seines Handicaps erhoffte. Eine Weile, so etwa bis zum dritten Loch, ist er noch ganz Golfspieler, der sich durch nichts aus der Ruhe bringen läßt; aber dann setzt sich doch der Vater durch. Und kein Mensch auf der Welt vermag ordentlich zu spielen, wenn ihm im Kopf herumgeht, mit wem seine einziggeliebte Tochter da wohl ihr Wesen treibt.

Selbstverständlich befinden sich im Repertoire von Herrn Abrolat unzählige Varianten solch netter Gespräche. So kann er auch den Sohn getroffen haben: »Eine wirkliche Dame hatte er da in seiner Begleitung. Ein paar Jährchen älter, vielleicht zehn oder höchstens fünfzehn. Aber dieses Make-up, das für junge Mädchen viel zu grell wäre, stand ihr gut. Und eine Figur, sage ich Ihnen, da haben sich alle Männer auf der Straße umgedreht!« Bei jedem ordentlichen Vater gehen alle Alarmlichter an und es schrillen alle Glocken, wenn er hört, daß sein armer Stammhalter in die Arme einer offensichtlich als Verführerin zu erkennenden Dame gefallen ist. Und der nächste Schlag ist dann auch danach.

Herr Abrolat kann das auch mit der Ehefrau (»Ein reizender junger Mensch da in Begleitung Ihrer lieben Gattin – wahrscheinlich ein Neffe!«), mit dem Auto (»Hervorragender Wagen, nur habe ich gehört, daß er demnächst ins Werk zurückgerufen werden soll wegen der Bremsen. Und er soll ja schnell rosten!«) oder dem sonnengebräunten Gesicht (»Blendend sehen Sie ja aus! Oder haben Sie es mit der Leber?«). Wie gesagt: Herr Abrolat hat den Keller voller Pokale und auch noch nie gegen irgendeine Etikette verstoßen. Denn Golf ist ja so ungefähr das fairste, was sich einer vorstellen kann.

Über schlechte Exempel

Der Mangel in allen schriftlich niedergelegten Regeln einer Sportart besteht darin, daß Vergehen nicht in ihren Einzelheiten erklärt werden. Damit stehen Regelbücher des Sports im krassen Gegensatz zum Bürgerlichen Gesetzbuch, wo einwandfrei darauf hingewiesen wird, was ein Raub und was ein Mord ist und wie man unter Berücksichtigung aller Umstände zu bestrafen ist. Im Fußball beispielsweise wird lediglich aufgezeigt, daß man nicht abseits stehen oder laufen darf – und das, obgleich sich dabei noch nie einer wehgetan hat; es steht nicht drin, daß man seinem Gegner nicht mit beiden Beinen voran in den Unterleib springen darf, zumindest nicht ausdrücklich. Beim Tennis steht auch nicht drin, daß man nicht falsch und laut pfeifen sollte, wenn der andere sich auf seinen Aufschlag konzentriert; nicht einmal übers richtige Pfeifen steht was drin. Man könnte diese fehlenden Beispiele, die nun eine wirkliche Hilfe wären, ewig fortsetzen.

Mit den Golfregeln ist es ebenso. Man soll seinen Mitspieler, der ja auch so etwas Ähnliches wie ein Gegner ist, nicht stören – okay. Aber es gibt Menschen, neben denen laufend Handgranaten explodieren, aber sie merken es nicht. Andere wieder regen sich schon auf, wenn einer, der fünfzig Meter entfernt ist, seine Armbanduhr aufzieht.

Deshalb sollen hier einige Vergehen im Detail erklärt werden, damit jeder weiß: das macht man nicht, und es ist sogar möglich, dafür bestraft zu werden.

1. Beispiel: Der Ball des anderen liegt sechzig Meter vom Grün entfernt wunderbar auf dem Fairway und man sagt: »Denken Sie daran, daß Sie schon oft aus dieser Entfernung zu kurz geschlagen haben!« Ein unsicher gewordener Spieler wird den Ball jetzt sicher fünfzig Meter hinter das Grün schlagen, wo sich ein morastiges Feuchtbiotop befindet.

2. Beispiel: Der Ball des anderen liegt hundertvierzig Meter vor dem Grün, ebenfalls wunderbar auf dem Fairway – man sagt: »Denken Sie daran, daß Sie aus dieser Entfernung schon oft zu weit geschlagen haben!« Es ist anzunehmen, daß ein sensibler Spieler

daraufhin mit dem Ball in dem Bunker landet, der sich vierzig Meter vor dem Grün befindet.

3. Beispiel: Der andere setzt zu einem fulminanten Drive an und befindet sich gerade in der Ausholbewegung mit seinem Schläger. In diesem Moment schreit man: »Fore.« Selbst wenn sich weit und breit niemand befindet, kann man sich immer noch entschuldigen und sagen, daß man offensichtlich einer Sinnestäuschung unterlegen sei. Außerdem ist Vorsicht immer besser als ein Versicherungsfall.

4. Beispiel: Man bietet dem anderen freundlich an, den Ball auf dem Grün zu markieren. Dabei verdeckt man dem anderen, der über diese Freundlichkeit aufs höchste entzückt ist, kurz die Sicht und legt den Marker fünf Zentimeter daneben – direkt dorthin, wo der Ball nachher auf dem Weg zum Loch zuerst ein Regenwurmhäufchen überwinden muß. Man kann auch noch dazu sagen: »Mann, haben Sie aber ein Pech!«

5. Beispiel: Man sagt zum anderen, der gerade seinen Ball auf das Tee legt, in bewunderndem Ton: »Sie hatten früher immer Schwierigkeiten mit der Stellung ihrer Schienbeine. Ich finde es toll, wie Sie das völlig überwunden haben!« Auch das wird den Freund so stolz machen, daß er nur noch an seine Schienbeine denkt und den Ball ins wilde Kurdistan schlägt.

6. Beispiel: Wenn beide Bälle fast nebeneinander in einem christlichkurzen Rough liegen, kann man das Holz 5 herausziehen, sich die Sache betrachten, ein wenig hin und her gehen, man muß unbedingt auch den genauso liegenden Ball des anderen anschauen, dann steckt man das Holz wieder in den Sack und chipt den Ball mit dem Eisen 9 schön aufs Fairway. Der andere, in dessen Herz nicht nur Zweifel gesät werden kann, sondern auch Selbstbewußtsein, wird nun erst recht das Holz 5 herausziehen – und in acht von zehn Fällen den Ball noch tiefer ins Rough treiben.

7. Beispiel: Als netter Mensch beobachtet man natürlich genau, wo der andere seinen Ball hinschlägt. Dann kann man nämlich helfen und sagen: »Ich habe ihn im Rough noch einmal aufspringen gesehen. Es war ungefähr fünf Meter links neben dem Baum, dort muß er liegen!« Man muß sich sogar an der Suchaktion beteiligen, obgleich man ganz genau weiß, daß der Ball zehn Meter rechts vom Baum liegt.

8. Beispiel: Durch eifriges Üben bringen es manche Spieler mit der Zeit tatsächlich fertig, den richtigen Schläger in der richtigen Lage und der richtigen Entfernung zu benutzen. Bevor daraus jedoch richtige Sicherheit wird, kann man ganz nebenbei einfließen lassen: »Ich wundere mich, daß Sie ausgerechnet diesen Schläger wieder aus dieser Position benutzen wollen. Wenn ich mir überlege, was Ihnen damit hier nicht schon alles passiert ist…!«

9. Beispiel: Wenn zwei ihre Bälle ins Rough schlagen, der dritte aber seinen schön an den Rand des Fairways plazierte, kann man da dicht dran vorbeigehen, einen Moment stutzen, sich tief über diesen Ball beugen und dann kopfschüttelnd sagen: »Ich möchte einmal wissen, wer mit so billigen Bällen spielt!« Die Chancen stehen sieben zu drei, daß der andere sein Kind verleugnet und meint, daß sein Ball ebenfalls im Rough liegt.

Diese neun Exempel des Schlechten werden ausschließlich von Menschen in die Praxis umgesetzt, die, wären sie Fußballspieler geworden, ihren Gegnern erbarmungslos vor die Knochen treten. Aus Gründen der Gefährdung von Moral und Sitte bei besonders labilen Spielern sowie natürlich wegen des Jugendschutzes wurde an dieser Stelle darauf verzichtet, weitere Beispiele aufzuzählen. Bei überschlägiger Rechnung gibt es etwa neuntausend solch verwerflicher Fälle. Es gibt nur wenig Menschen, die charakterlich gefestigt genug sind, um solcher Versuchung zu widerstehen.

Über Charakter

Wie jedermann weiß, der über diesem nobelsten aller Spiele den Geburtstag seiner Lebensgefährtin vergaß, sind Golfer nicht nur für ihre außerordentliche Intelligenz bekannt, sondern vor allem wegen ihres edlen Charakters. Selbstverständlich stammt diese grundsätzliche Bemerkung nicht von mir, sondern von Herrn Dr. Schonälter, dem in unserem Club besondere Ehrerbietung entgegengebracht wird. Dr. Sch. lebte lange Jahre im Ausland, und zwar aus Gründen, auf die ich hier nicht näher eingehen möchte. Als er Ende der vierziger Jahre heimkehrte, bestritt er seinen Lebensunterhalt bereits aus einer nicht unbeträchtlichen Pension. Herr Dr. Sch. ist mittlerweile vierundneunzig Jahre alt, was nichts daran ändert, daß wir ihm immer und mit allem Respekt gerne lauschen, wenn er bei der Hauptversammlung am Schluß einige versöhnliche Worte spricht – nicht ohne darauf hinzuweisen, wie es früher war.

Aus diesem Wissen darum, wie es früher war, hat Dr. Sch. die Menschheit nicht nur in solche aufgeteilt, die Golf spielen, und andere, die es nicht tun, er hat vielmehr auch die Golfspieler in Gruppen aufgeteilt. Obgleich er zu mindestens einem Dutzend verschiedener Gruppen kam, beispielsweise die Glücksspieler, die faulen Talente, die fleißigen Talente, die Sorglosen, die Ehrgeizlinge, die Ehrgeizlosen, gibt es zwei Hauptgruppen, auf deren Unterscheidung er besonderen Wert legt. Es sind die Golfspieler und die richtigen Golfspieler.

Um einen von den richtigen Golfspielern zu identifizieren, darf ich hier vielleicht meinen Freund Klaus M. erwähnen, der mich eines Tages besuchte und den ich, der geruhsameren Unterhaltung wegen, für eine Runde mit auf den Platz nahm. Klaus M. ist ein ordentlicher Spieler mit einem Handicap Mitte zwanzig, was für mich immerhin bereits zur Kategorie des Erstrebenswerten zu zählen ist. Herr M. schien mir am Abschlag kaum nervöser als sonst. Ihm gelang einer von diesen flachen und sehr hart geschlagenen Bällen, die mitunter auch nützlich sein können. In diesem Fall verzog er den Schlag aus unerfindlichen Gründen. Der Ball sirrte durch ein Gebüsch auf den Parkplatz und dort auf einen vorderen Kotflügel, von hier sprang er mit kaum verminderter Geschwindigkeit gegen die Heckscheibe des danebenstehenden Mobils und fiel dann kraftlos zu Boden, wo er noch drei oder vier Meter rollte. Es ist für diese Betrachtung unwesentlich, daß mein Freund Klaus M. mit einem zerbeulten Kotflügel und einer zertrümmerten Heckscheibe einen erheblichen vierstelligen Schaden verursacht hatte. Wichtig ist vielmehr, daß Herr M. sich nach Hinterlassung seiner Visitenkarte unter den jeweiligen Scheibenwischern zu seinem Ball begab und erfreut feststellte, daß dieser ja noch spielbar sei. Mit dem Eisen 5 schlug er den Ball weit ins Fairway und lochte mit dem siebten Schlag ein.

Herr Dr. Schonälter hatte die Szene von der Terrasse beobachtet, und als wir später von unserer Runde zurückkehrten, beglückwünschte er Klaus M. zu seiner Contenance: »Es spielt überhaupt keine Rolle, welches Handicap Sie haben, Sie gehören in jedem Fall zu der immer kleiner werdenden Gruppe der richtigen Golfspieler!«

Mit einer Beredsamkeit, wie sie auch älteren Herren mitunter zu eigen ist, lud Herr Dr. Schonälter uns ein, uns doch bitte an seinen Tisch zu setzen. Er fuhr fort: »Golfspieler, die sich durch Lappalien davon abhalten lassen, ihre Runde ordentlich zu beenden, sind mir ein Greuel. Ich erinnere mich beispielsweise an einen Mann, den ich in meinen Jahren in Irland kennenlernte, einen sehr guten Scratchspieler, der lediglich seinen Chip hin und wieder ein wenig preßte. Dieser Mann kehrte eines Tages während eines Unwetters völlig aufgelöst ins Clubhaus zurück und schrie, daß sein Caddie am fünften Grün vom Blitz getroffen worden sei. Er führte sich auf wie ein Verrückter, und ein herbeigerufener Arzt hatte mehr mit ihm zu tun als mit dem armen Caddie, der sich nach zwei Jahren übrigens bis auf einen irreparablen Hörfehler wieder erholte. Diesen Spieler möchte ich in keinem Fall zu den richtigen Golfspielern zählen!«

Mein Freund Klaus M. und ich nickten gedankenverloren, was Herr Dr. Schonälter offensichtlich als Aufforderung betrachtete, uns weitere Beispiele von Leuten zu erzählen, die er nicht zu den richtigen Spielern zählte: »Einen ähnlich gelagerten Fall erlebte ich in Argentinien. Da lehnte es der Clubmeister ab, einen Ball zu spielen, der in ein Erdnest von Mörderbienen gefallen war. Ich möchte dazu nur bemerken, daß auch dieser Mann nicht von jenem Geiste beseelt war, der einen richtigen Spieler auszeichnet.« Herr Dr. Schonälter deutete auf einen kräftigen jungen Mann, der auf dem achtzehnten Grün gerade eben erfolglos seinen dritten Putt versuchte: »Schauen Sie sich dagegen diesen Menschen an, der fast mein Urenkel sein könnte und noch nie in seinem Leben weniger als sechsundneunzig gespielt hat. Er hat heute morgen um zehn geheiratet und sich danach von seiner frisch angetrauten Gemahlin verabschiedet, um seine gewohnte Samstagsrunde zu spielen. Obgleich ich hier einschränkend sagen könnte, daß er sonst immer bereits morgens um neun auf dem Platz ist, möchte ich ihn für seine noble Haltung loben. Er hat in jedem Fall die richtigen Anlagen, die sich im Laufe der Jahre sicherlich noch weiter entwickeln werden!«

Herr Dr. Schonälter wandte sich wieder meinem Freund Klaus M. und mir zu: »In den Jahren, die ich in Kalifornien verbrachte, verlor ich eines Tages im Bunker des siebzehnten Grüns meine treue Gattin durch den Biß der gelben Sandviper. Wie jedermann weiß, gibt es dagegen kein Serum. Es geschah in dem Moment, als sie schlug. Ich war dabei und sah den Ball in schönem Bogen fliegen; er rollte die letzten beiden Meter und war im Loch. Während sie sterbend in meinen Armen lag, sagte ich ihr: ›Darling, du hast ein Par gespielt!‹ Sie verschied mit einem glücklichen Lächeln auf den Lippen. Übrigens habe ich am nächsten Tag voller Schmerz zu ihrem Angedenken erneut eine einsame Runde gespielt, und wie es der Zufall oder das Schicksal wollte – mit dem dritten Schlag landete ich genau in dem gleichen Bunker, und keine zwanzig Zentimeter neben dem Ball lag eine gelbe Sandviper im Sand und sonnte sich. Gott weiß, welche Liebe ich auch zu den niederen Kreaturen unter dem Himmel empfinde, aber ich habe sie erschlagen!«

Herr Dr. Schonälter sah ein wenig nachdenklich aus. Mein Freund Klaus M. unterbrach das Schweigen und fragte: »Wie?« Dr. Sch. sagte: »Mit dem Eisen 3!« Ich fragte: »Und?« Dr. Sch.: »Ich spielte zweiundachtzig! «

Es müssen die tiefsinnigen Überlegungen des Herrn Dr. Sch. gewesen sein, die mich am nächsten Tag ein wenig unkonzentriert machten. Es geschah am vierten, daß ich einen deutlichen Stellungsfehler beging und kerzengerade mit dem Ball links in ein

Gebüsch kam, welches sich fünfzig Meter lang und zwanzig Meter tief neben dem Fairway herzieht. Ich fand den Ball in einer gar nicht so schlechten Lage und war sogar guter Hoffnung, mit dem Eisen 9 durch eine Lücke im Blätterdach aufs Grün schlagen zu können. Wahrscheinlich lag es daran, daß ich die rechte Hand nicht locker genug führte, der Ball strich schräg und halbhoch in die Richtung des dritten Fairways; auf wundersame Weise fand er jedoch einen Weg, ohne durch einen Ast in der Richtung beeinflußt zu werden. Vorsichtigerweise rief ich ein »Fore« in die Richtung.

Als ich aus dem Gebüsch heraustrat, natürlich unzufrieden ob meiner Ungeschicklichkeit, lag dort Frau Hirsemann im etwas längeren Rough, von der man nur wissen muß, daß sie ihre Runden dazu benutzt, jeden Grasbüschel nach Bällen abzusuchen, die von anderen Spielern verloren wurden. Sie lag da sehr friedlich, wenngleich mich ihr starrer Blick und der übers Knie gerutschte Rock ein wenig irritierten. Auf jeden Fall hatte ich nicht den Eindruck, ihr helfen zu können, und da der Ball zwei Meter daneben frei lag, entschied ich mich für Eisen 7. Es verschaffte mir eine große Befriedigung, als es mir gelang, quer über das Gebüsch direkt aufs Grün zu kommen; der Ball lag nur eineinhalb Meter neben der Fahne, was zugegebenermaßen eine sehr schwierige Distanz ist. Aber der Putt gelang, und ich schrieb mir eine Vier an: nicht schlecht.

Am Abend im Clubhaus wurde verschiedentlich über das Mißgeschick der Frau Hirsemann gesprochen. Ich saß bei Herrn Dr. Schonälter, der lange schweigend vor sich hinsinnierte. Dann meinte er plötzlich: »Während der Jahre, in denen ich in Schottland lebte, spielte ich in einem Club, in dem Ladies nicht zugelassen waren. Es ist seit dem ersten Damenturnier im Jahr 1810 eine schlechte Angewohnheit weiblicher Wesen, immer wieder in die Flugbahn von Golfbällen zu laufen!« Ich sagte: »Sehr richtig!« Herr Dr. Sch. setzte seinen Gedankengang fort: »Aber es würde mich doch interessieren, wie es geschehen ist!« Ich zuckte mit den Schultern: »Vielleicht hatte jemand einen zu festen Griff mit der rechten Hand – wer weiß!?« Herr Dr. Schonälter überlegte kurz und nickte dann: »In der Tat! Das Lockere in der rechten Hand ist sehr wichtig!«

Über Erklärungen

Im Grunde genommen ist es völlig egal, wie man spielt, man muß nur die richtigen Erklärungen dafür haben. Hier ist allerdings ein Punkt, in dem sich das Golfspiel eminent von allen anderen spielerisch-sportlichen Übungen unterscheidet. Beim Tennis beispielsweise kann man immer diesem Idioten und Nichtskönner auf der anderen Seite des Netzes die Schuld geben, der keinen geraden Ball zu schlagen vermag und das Filzobst so schnibbelt, als wolle er es zu roter Grütze verarbeiten. Beim Reiten ist dieser dämliche Zossen schuld, der heute unter Föhn litt und dazu noch den Vorteil hat, sich nicht wehren zu können. Beim Fußball haben die anderen gehackt wie die Teufel. Fürs Tischtennis trifft ähnliches zu wie beim Tennis. Beim Radfahren gibt es tausend technische Defekte, und selbst beim harmlosen Jogging gibt es Ausreden. Nur beim Golf nicht. Vielleicht ist das überhaupt der Grund dafür, daß dieses Spiel so lange nicht besonders stark verbreitet war.

Im Golf kann ich zwar behaupten, daß die Grüns in einem saumäßigen Zustand seien; aber meistens kommt dann gleich ein anderer daher, der zwölfmal ein Par spielt, und dann sieht man ganz schön dumm aus. Im Golf zählt nur das, was man selbst gemacht hat. Für nichts auf der Welt ist man so alleine verantwortlich wie für die Schläge auf der Score-Karte. Höchstens die Verursachung einer Schwangerschaft ist ähnlich endgültig, obgleich es hier ja vorkommen soll, daß man dagegen klagen kann. Beim Golf kann man nicht klagen. Man kann höchstens Erklärungen anbringen, die man aber nie mit simplen Ausreden verwechseln sollte.

Ich erlaube mir hier, zur beliebigen Verwendung eine Anzahl geläufiger Erklärungen mit den entsprechenden Notfällen aufzuzeichnen, die je nach individueller Lage selbstverständlich variabel sind:

Wenn man einen Putt aus dreißig Zentimetern danebenschiebt: »Als ich heute früh das Haus verließ, war im Dachstuhl ein Feuer ausgebrochen. Hoffentlich hat meine Frau die Feuerwehr erreicht!«

Wenn man einen Putt aus vierzig Zentimetern danebenschiebt: »Meine Frau ist letzte Nacht verstorben. Es nimmt mich doch sehr mit!«

Wenn man einen Putt aus fünfzig Zentimetern daneben schiebt: »Es macht mich doch etwas nervös, weil ich nicht weiß, was meine Frau mit dem jungen Mann anstellt, den sie mitbrachte, als sie heute früh um sieben nach Hause kam!«

Wenn man einen Putt aus achtzig Zentimetern danebenschiebt: »Mein Sohn hat mir vorhin am Telefon erzählt, daß er meinen Ferrari in Klump gefahren hat. Ist ja nicht weiter schlimm, aber daß er den Streifenwagen der Polizei dabei rammte, gibt mir doch zu denken!«

Wenn man einen Putt aus hundert Zentimetern danebengeschoben hat: »Meine Tochter kommt heute mit ihrem Guru aus Indien zurück und will mein Haus als eine Art Gemeindezentrum einrichten!«

(Für Putts, die aus einer Entfernung danebengeschoben werden, die über hundert Zentimetern liegt, benötigt man keine Erklärung; das ist völlig normal.)

Wenn man auf dem Tee den Ball beim Abschlag überhaupt nicht getroffen hat: »Der Arzt hat mir im Grunde genommen jegliche sportliche Aufregung untersagt. Er meint, ich schwebe in Lebensgefahr. Das Herz, wissen Sie?!«

Wenn man auf dem Tee den Ball beim Abschlag so berührt hat, daß er etwa dreißig Zentimeter weit rollt: »Ich habe gestern einen Vergleich angemeldet und heute die Steuerprüfung im Haus. Vielleicht bin ich deswegen ein wenig unkonzentriert!«

Wenn man auf dem Tee den Ball beim Abschlag so traf, daß er fünf Meter weit rollte: »Ich habe beim Einparken vorhin leider Ihren Mercedes auf der linken Seite ein wenig aufgeschlitzt. Ausgerechnet jetzt, wo ich vergessen hatte, die Versicherung zu bezahlen!«

Wenn man auf dem Tee den Ball beim Abschlag so traf, daß er siebzehn Meter weit flog: »Als ich heute früh um sieben aus der Papagallobar kam, fühlte ich mich noch völlig fit. Aber ich glaube, sie panschen dort den Whisky!«

Wenn man auf dem Tee heim Abschlag den Ball so traf, daß er dreißig Meter weit flog: »Ich probiere gerade einen neuen Driver aus!«

Wenn man auf dem Tee beim Abschlag den Ball so traf, daß er vierzig Meter weit flog: »Es ist immer wieder das gleiche: Ich sollte beim Frühstück nicht so viel Kaviar nehmen. Man hat dann immer einen so vollen Bauch!«

Wenn man auf dem Tee beim Abschlag den Ball so traf, daß er fünfzig Meter weit flog: »Der Wind drehte sich ausgerechnet in diesem Augenblick!«

(Für Abschläge über fünfzig Meter braucht man keine Erklärungen; sie kommen in der Praxis so gut wie nie vor.)

Wenn man einen Ball unwiederbringlich ins Wasserhindernis geschlagen hat: »Es war sowieso ein alter Ball, den ich loswerden wollte!«

Wenn man den Ball fünfzig Meter über das Grün hinausgeschlagen hat: »Ich hätte doch mehr Wert darauf legen sollen, dem Ball eine Kleinigkeit mehr Backspin zu verleihen!«

Wenn man den Ball vom Fairway nicht weiter als fünfzig Meter bringt: »Ich habe mir heute vorgenommen, etwas genauer zu spielen. Und das geht eben auf Kosten der Länge!«

Wenn der Ball auch nach dem sechsten Schlag nicht aus dem Bunker draußen ist: »Ich habe mit meiner strebsamen Hartnäckigkeit noch immer Erfolg gehabt. Und ich halte es für eine gute Übung – eine echte Prüfung des Charakters!«

Wenn man den Ball aus dem rechten Rough quer über das Fairway in das linke Rough geschlagen hat: »Der Pro sagt mir immer wieder, ich sollte ein wenig auf meinen Hook achtgeben!«

Wenn man den Ball in den Wald geschlagen hat: »Wo kann man die Natur schöner und ursprünglicher erleben als hier? Gottes Dom! Ich bin froh, daß ich nicht zu diesen krankhaften Ehrgeizlingen gehöre!«

Wenn man das Loch in neun Schlägen geschafft hat: »Ich wollte heute einmal auf Sicherheit spielen!«

Wenn man bei einem Turnier einen Caddie hat und egal welchen Mist baut: »Der Caddie hat mir einen falschen Schläger gegeben!«

Wenn sich jemand erstaunt und abfällig darüber äußert, daß Sie immer noch mit dem Handicap 35 durchs Leben gehen: » Ich spiele ja auch erst seit vier Wochen!«

Wenn man das Dreierloch am zweiten in elf spielt: »Gestern habe ich hier noch ein Birdie erzielt!«

Wenn man einen Neuling als Zuhörer hat: »Ich habe die Kugel mit einem Uschi ins Rough gehookt, bin aber mit dem Brassie straight auf Green und clean geputtet!«

Wenn man in einer Runde sitzt, die alle noch schlechter spielen: »Golf ist in erster Linie ein Spiel, welches hohe Intelligenz mit geistiger Disziplin und körperlicher Fitness verlangt!«

Wenn man in einer Runde sitzt, die alle besser spielen: »Wissen Sie, ich spiele eigentlich nur so zur Entspannung und zum Spaß!«

Über VIPs

Irgendwann hat es unsereiner geschafft, und er gehört dazu. Ich meine nicht etwa zu den Golfspielern, sondern zu jenen ›very important persons‹, die als VIPs in der ganzen Welt besonderes Ansehen genießen. Wenn man selbst dazu gehört, genießen sie das natürlich zu Recht. Wie man ein VIP wird, läßt sich so genau nicht sagen und ist im Grunde auch völlig unerheblich. Erheblich dagegen ist, daß man als VIP zu Turnieren eingeladen wird, von denen das niedere Nicht-VIP-Volk nur träumen kann.

Das fängt schon mit der Einladung auf handgeschöpftem Bütten an, auf der außer Frank Sinatra, Maggie Thatcher und Königin Sylvia eigentlich alle Namen stehen, die auf dieser Erde ein bißchen etwas zu sagen haben. Meiner auch. Natürlich steckt man eine solche Einladung nicht weg, sondern läßt sie möglichst dort liegen, wo alle Naselang einer vorbeikommt und darüber staunt. Auf die Frage, wie man denn sich so als VIP fühle, muß man gelangweilt erklären: »Ach Gottchen, ich weiß noch gar nicht, ob ich hingehe! Immer wieder die gleichen Leute. Vielleicht schneide ich an dem Tag meine Rosen im Garten!«

Am Tage des VIP-Turniers gibt sich der geübte VIP seiner Familie gegenüber beim Frühstück betont ruhig. Dann fährt er mit hundertachtzig auf den Platz, um ja eine Stunde vorher da zu sein. Es beginnt damit, daß die Leute keine Ahnung von der VIP-Bedeutung des Eingeladenen haben; die Clubsekretärin hat auch noch den Namen falsch geschrieben.

Von den VIPs, die auf der Einladung stehen, ist weit und breit nichts zu sehen. Ein anonymer Rundfunksprecher, der eine entfernte Ähnlichkeit mit Gorbatschow hat, tut so, als müsse er morgen die Verantwortung für die Verhinderung eines Krieges übernehmen; eine angeblich prominente Fernsehsprecherin, die man bisher immer nur vom Busen aufwärts gesehen hat, überrascht mit einem ganz gewaltigen Gesäß; ein ehemaliger Kinderstar, der seit der Pubertät nirgendwo mehr aufgetreten und mittlerweile vierzig ist, verteilt dreißig Jahre alte Autogrammkarten; ein Schlagersänger, den man wegen seiner grauenvollen Schnulzen jahrelang verachtete, erweist sich als außerordentlich netter Mensch; dazu noch eine ganze Reihe Feuerschlucker, Seiltänzer und fahrendes Volk wie unsereiner.

In meinem Flight ist nicht nur ein Rundfunkdirektor, sondern auch dessen Assistent, der nach jedem Schlag seines Chefs am liebsten ins Clubhaus gerannt wäre, um ihm den Schläger zu waschen; dazu noch eine undefinierbare Dame sächlichen Geschlechts, die uns drei Männer zunächst so mißtrauisch betrachtete, als hätten wir die Absicht, spätestens im Rough der dritten Bahn über sie herzufallen, dann aber als einzige mit einem sachlichen Abschlag überraschte – ungefähr auf hundertsiebenundachtzig Meter. Ich kam auf hundertsechzig und befand, daß dieses erneut ein einsamer Tag werden würde.

Habe ich schon von den Kollegen geredet, die selbstverständlich ebenfalls dabei waren? Diese Leute erzählen immer sehr laut, daß sie in diesem Jahr erst zwei Stunden gespielt haben, schrecklich unter einem Bandscheibenschaden leiden, viel zu nervös für dieses Spiel sind, den Mangel von Aschenbechern auf dem Fairway monieren, heute morgen erst um vier ins Bett gekommen sind und jetzt schon wieder einen stechenden Durst verspüren. Bis hierher unterscheiden sie sich von meiner Person nur unwesentlich. Entscheidend ist aber, daß sie anschließend ein Handicap zwischen zwölf und achtzehn herunterspielen, Leute wie mich als unheilbar untalentierte Flaschen bezeichnen und die weiter vorne Plazierten für krankhaft ehrgeizig halten, die mit soviel Glück doch gleich in eine Spielbank gehen sollten. Womit sie sich letzten Endes nicht besonders von normalen Menschen unterscheiden.

Damit wäre das Thema der VIP-Turniere schon erledigt, woran jene Leute, die nicht zu den VIPs gehören, unschwer erkennen können, was sie alles versäumen. Die Tage, an denen die handgeschöpfte Büttenkarte zufällig offen herumliegt, tragen allerdings in der Tat unheimlich zur Erhöhung des Ansehens bei.

Über Sitten

In meinem früheren Leben, als ich noch kein Golf spielte, müßige Stunden beim Schneiden der Rosen verbrachte, allen vertragsmäßigen Verpflichtungen arbeitswillig nachkam, die Namen meiner Kinder wußte und meine Lebensgefährtin sofort erkannte, Zeit für gute Bücher fand und keine schlaflose Nacht damit verbrachte, mir das Hirn über das Fehlen meiner Putt-Fähigkeiten zu martern – in einem Leben also, welches völlig sinnlos war, wurde ich verschiedentlich in einen Ort namens Tokio geschickt, welcher bekanntlich in Japan liegt und demzufolge auch von Japanern bewohnt wird. Diese Einwohner erregten mein Interesse bereits am Flughafen, weil sie sich in Arbeitspausen, die kaum länger als einige Sekunden waren, mit verträumtem Gesichtsausdruck und leicht eingeknickten Knien plötzlich hinstellten und mit den Armen seltsame Schwünge durchführten. Selbstverständlich hatte ich vor der Reise alles gelesen, was ein Mitteleuropäer lesen sollte, wenn er sich in das Reich der aufgehenden Sonne begibt, und schloß sofort auf Schattenboxen, Zen oder Harakiri; ich gebe zu, kleine Schwierigkeiten mit dem vergeistigten Asien zu haben. Derartige Beobachtungen unterliefen mir aber auch bei nächtlichen Spaziergängen, die mich – rein studienhalber – in Gegenden führten, in die man nicht geht. Dort standen muskulöse Herren vor schummrig beleuchteten Bars und führten die gleichen Schwünge mit Armen und Oberkörper aus, sobald sie sich unbeobachtet fühlten. Falls sie des Fremden ansichtig wurden, unterbrachen sie diese Tätigkeit und taten das, was die Schlepper in St. Pauli auch tun, sie entwickelten große Überredungskünste, um einen in das jeweilige Etablissement zu locken.

Das Schwungrätsel wurde schließlich von einem zierlichen Herrn namens Sugano gelöst; er meinte, diese Leute zelebrierten keine alte japanische Kunst, sondern versuchten, ihren Golfschwung zu verbessern. Am nächsten Morgen schleppte er mich in eine Anlage, die auf den ersten Blick so aussah, als habe hier ein Karnickelzüchter alle Dimensionen der Karnickelzucht gesprengt: Da standen achtzig Karnickelställe nebeneinander, darüber noch einmal achtzig und darüber noch einmal achtzig, macht zusammen zweihundertvierzig Karnickelställe. Seltsamerweise befanden sich darin aber keine Kaninchen, sondern Japaner, die aus ihrem nach vorne offenen Stall Golfbälle abschlugen, und zwar gegen ein zehn Meter weiter aufgehängtes Netz. Die Bälle tropften von diesem Netz herab in einen Graben, in dem sich ein Laufband befand, welches die Kugeln in einen Kasten transportierte, aus dem sich gegen den Einwurf von Münzen ein Eimerchen voller Bälle entnehmen ließ. Ich habe nie eine genialere Konstruktion gesehen, die der Geldeinnahme diente, und nie eine stumpfsinnigere Beschäftigung als die jener Leute in ihren Kisten. Beides erfüllte mich mit tiefer Bewunderung, aber da es sich um ein Erlebnis aus meinem früheren Leben handelte, schätzte ich das Genie mehr als den Stumpfsinn.

Jahre später – ich litt bereits unter einer leichten Golf-Infektion – gelang es mir, jemanden davon zu überzeugen, daß meine Anwesenheit in dem berühmten Ort Marbella unbedingt von Nöten sei. Von Marbella muß man wissen, daß man dort nur die allerbeste Gesellschaft vorfindet, und es sind selbstverständlich alles Gerüchte, wenn man sagt, dort leben britische Post- und Goldräuber sowie deutsche Steuerflüchtlinge. Obgleich es mit dieser Geschichte nichts zu tun hat, muß ich Neulinge darauf hinweisen, daß sich dort eine wunderschöne Moschee befindet. Die hat aber nichts mit den längst vertriebenen Mauren dieses Landstrichs zu tun, sondern mit einer weitaus beständigeren Invasion arabischer Ölprinzen. Deshalb ist die Moschee auch keine Moschee, sondern die Bank Arabiens. Vielleicht besteht ein Zusammenhang, aber sie haben dort vierzig Golfplätze mit Fairways bis zum Horizont, so daß man nie einen Ball verliert, es sei denn im Wasser. Es ist anzunehmen, daß die Erbauer lieber ein bißchen mehr in die Fairways investierten, damit sie später mit weniger Bällen auskommen. Ohne Zweifel ein sehr kluger Gedankengang.

Außer daß die Plätze schön sind, läßt sich wenig darüber sagen. Höchstens, daß sich mindestens drei Kurse laufend überschneiden; so kann man fast sicher sein, daß die angesteuerte Fahne zu einem anderen Kurs gehört. Auf diese Weise kommt man weit herum. Selbstverständlich hat sich das alles längst herumgesprochen, und Leute aus den verschiedensten Gegenden dieser Welt treiben dort ihr Wesen. Als ich mit einem bekannten Fernsehmenschen und dessen Kameramann bei ungefähr vierzig Grad im Schatten spielte, wurden wir von zähen Briten, knochigen Holländerinnen, schwitzenden Schweizern und stilvollen Schweden überholt. Ich habe bis heute nicht begriffen, warum die alle im Dauerlauf hinter ihrem Ball herrannten.

Am liebsten sind mir die Plätze von Irland. Nun gut, es gibt Tage, die zeichnen sich durch vierundzwanzigstündigen Regen aus, aber es gibt auch andere, an denen regnet es höchstens zwei Stunden. Ein bißchen regnet es jeden Tag. Außerdem steht ein fortwährend steifer Wind über der Insel, der alles verweht, was man sich mit zu zaghaften Schlägen ausdenkt. Aber für Leute, denen das alles nichts ausmacht, ist es der Himmel auf Erden. Vor allem auch deshalb, weil sie dort den Gast nicht anschauen, als würden sie ihn nach der Entrichtung des Greenfee am liebsten im Moor ersäufen.

Man kann allerdings irische Golfplätze nicht erklären, ohne auf irische Menschen zu sprechen zu kommen. Beides steht miteinander im Zusammenhang, da man ja einen Menschen fragen muß, wenn man einen Platz finden will. Der Fremde stoppt seinen Wagen vor einem vertrauenswürdig aussehenden Mann, der die Hauptstraße herunterkommt und mit seinem offenen Hemd den kühlen Regen mißachtet. Der Fremde fragt, wo denn dieser Golfplatz sei. In Deutschland würde er zur Antwort bekommen, die zweite Querstraße rechts, zwei Kilometer geradeaus sieht man dann linker Hand schon das Clubhaus liegen. Die Antwort des Iren: »Oh, Sie gehen zum Golfspielen! Da müssen Sie unbedingt eine Meile zurückfahren und in das Lebensmittelgeschäft gehen. Es wird von Laura O'Flannugan betrieben, sie ist zufälligerweise meine Tante. Ihr Mann ist vor fünfzehn Jahren gestorben und ließ das Mädchen mit sieben Kindern sitzen. Aber sie hat sie alle durchgebracht, vier davon leben heute in Amerika. Also ihr verstorbener Mann hat in den guten Zeiten oft im Golfclub als Caddie gearbeitet. Und wenn ich sage, er war der beste Caddie in ganz Irland, sage ich nicht zuviel. Es hieß ja, er wäre selbst ein erstklassiger Spieler geworden, aber er bekam ja schon das Heimweh, wenn er fünf Meilen fort war. Und um das Heimweh zu bekämpfen, hat er ein wenig getrunken. Daran ist er schließlich auch gestorben. Tante Laura war gerade schwanger, es wurde ein Mädchen, sie heißt Pauline und hilft der Mutter im Laden. Oder nein – heute ist Mittwoch, da fährt sie immer in die Stadt zum Einkaufen. Sie sollten morgen wiederkommen! Sie ist ein gutes Kind und Sie müssen sie unbedingt kennenlernen. Sagen Sie ihr einen Gruß von mir, mein Name ist Brandan, mehr brauchen sie nicht zu sagen. Tante Laura verkaufte früher auch Golfbälle, aber sie hat das eingestellt, weil niemand danach fragte. Bestellen Sie ihr auch einen schönen Gruß und sagen Sie ihr, Sie hätten mich getroffen. Aber jetzt hat sie den Laden geschlossen; sie wird gerade ihren Lunch einnehmen und dann ein bißchen schlafen. «

Hier könnte der fröstelnde Fremde die Gelegenheit ergreifen und noch einmal seine Frage vorbringen. Der Freund mit dem offenen Hemd, in das die Regenrinnsale laufen, sagt: »In fünf Meilen macht die Straße einen scharfen Knick nach rechts und führt dann schnurgerade auf die Küste zu. So weit dürfen Sie aber nicht fahren; Sie biegen bereits nach zwei Meilen links ab und kommen an der Farm von Pat O'Neel vorbei, die aber schon seit Jahren nicht mehr bewohnt wird. Seine Kinder waren in die Stadt gezogen, und als er starb, gab es niemanden mehr, der die Farm weiterführte. Pat hatte in guten Jahren bis zu dreihundert Schafe, aber die guten Jahre sind ja lange vorbei …«

So geht die Unterhaltung ein gutes halbes Stündchen, in dem ich mehr über die Bevölkerung, das Wetter, die finanzielle Lage und die völlig unfähige Regierung erfahre, als man sich in vier Wochen zusammenlesen kann. Schließlich erzählt der Fremde auch noch ein wenig von den Seinen daheim, über Wetter, Arbeitslosenquote und Regierung. Wenn der Ire und der Fremde sich schließlich trennen, sind sie Freunde fürs Leben – selbst wenn sie sich nie wieder treffen. Das ist der Hauptgrund, der für irische Golfplätze spricht.

Über Damen

Dem Thema weiblicher Wesen auf dem Golfplatz möchte ich mich nur mit allergrößter Zurückhaltung nähern. Die Tatsache, daß es Kurse und Clubhäuser gibt, in denen unsere Mütter, Schwestern, Töchter und Gattinnen nicht zugelassen werden, will ich nur erwähnen, aber keineswegs bewerten. Oder nur soviel: Entweder sehen dort die Frauen so aus, daß man dringend wenigstens einen Ort benötigt, an den man sich von ihrem Anblick erholen kann, oder die Damen dort verfolgen die armen Männer in einer Weise, daß sie aus diesem Grunde einen Zufluchtsort brauchen. Meine Erfahrungen mit Frauen aus solchen Gegenden sind so gering, daß ich mich eines Urteils enthalte. Selbstverständlich habe ich nichts gegen Golfspielerinnen. Weibliche Wesen sind die Augenweide der Jugend, der Trost meiner reifen Jahre und werden hoffentlich einmal die Stütze meines Alters sein. Aber warum müssen sie ausgerechnet Golf spielen?

Wahrscheinlich hätte ich diese Frage nicht so direkt stellen sollen, aber nun steht sie einmal da, und ich werde damit bis ans Ende meiner Tage leben müssen. Als mildernden Umstand bei einer Verurteilung könnte ich höchstens vorbringen, daß ich mich nie an der Verbreitung von Witzen über Damen auf dem Golfplatz beteiligt habe, obgleich es da ganz gute Geschichten gibt. Falls ich eines Tages von einer einsamen Runde nicht heimkehre, möchte ich den Kriminalkommissar, der die Untersuchung leitet, darauf hinweisen, daß ich eventuell in dem Dickicht liegen könnte, welches die zweite Bahn unseres Platzes rechts begrenzt.

Dabei habe ich nichts gegen Golfspielerinnen – wirklich nicht. Ein Damen-Flight vermag einem verträumten Frühlingsmorgen durch fröhliches Gelächter und muntere Späße von Frau zu Frau durchaus gewisse akustische Höhepunkte zu setzen. Es ist immer wieder nett zu beobachten, wie sie sich anfeuern, wie sie sich gegenseitig ihr Beileid wegen verschlagener Bälle aussprechen oder auch, wie sie sich zu geglückten Unternehmungen gratulieren. Die stummen und gramgebeugten Männer, die sich da still in das Schicksal fügen, welches ihnen ein Handicap 29 bescherte und unter dieser

Last über das Fairway wandern, wirken dagegen in der Tat wie Trauerzüge. Aber wahrscheinlich liegt das nur an mir: Ich bevorzuge Trauerzüge.

Natürlich hat eine Dame im Flight auch ihre Vorzüge. Zum Beispiel wird Herr Gerstenmann dann den dritten verschlagenen Ball im Teich nicht als »gottverdammte Scheiße« kommentieren, sondern lediglich leise ein »Schade« vor sich hinmurmeln. Insofern haben Frauen beim Golf die durchaus nützliche Eigenschaft, als Katalysator zu wirken: Es kommt weniger Schmutz raus – wie hinten beim Auto. Allerdings weiß jeder, daß die Unterdrückung von seelischem Stuhlgang zu Magengeschwüren führen kann, die sich wiederum auf einen sauberen Abschlag auswirken. Ob die golfspielenden Damen überhaupt wissen, welche gesundheitlichen Schäden durch ihre Gegenwart entstehen?

Nein, kein Wort darüber, was manche Schmutzfinken so äußern. Außerdem stimmt's nicht. Golfspielerinnen gehen ihrem emanzipierten Vergnügen mit einer Ernsthaftigkeit nach, welche durch nichts zu übertreffen ist. Auch nur der geringste Gedanke, die Unterhaltung auf ein Gebiet zu führen, welches einen anderen Inhalt besitzt als den letzten Drive, ist absurd. Ganz zu Beginn meiner wenig ruhmreichen Laufbahn bin ich einmal hinter jemandem hergezockelt und habe meinen Blick nachdenklich-freundlich dort ruhen lassen, wo man bei den Jeans der Dame wohl ein wenig mit dem Stoff gespart hatte. Sie meinte dann, wir könnten ja auch nebeneinander gehen, worauf ich einwandte, die Perspektiven hinter ihr würden mir sehr gefallen. Daraufhin hat sie mich ermordet – zumindest mit einem Blick. Ich glaube, sie hat das auch weitererzählt, denn danach geriet ich kurzfristig in den Ruf eines Lustmolchs. Dabei liegt mir nichts ferner als dieses.

Was ich damit sagen will: jene Herren, die da glauben, sie könnten im Rough amouröse Abenteuer erleben, sollten lieber damit beginnen, Boxunterricht zu nehmen. Wie das allerdings mit den Gattinnen ist, die das Spiel gar nicht erst angefangen haben, sondern frustriert die vier oder fünf Stunden warten, bis der göttliche Herr von seiner Runde zurückkehrt, weiß ich nicht. Aber ich habe davon die tollsten Sachen gelesen. Leider werde ich entsprechende

Erfahrungen nie am eigenen Leibe machen können, da ich ja mit dem Gatten unterwegs bin. Was meine eigene Lebensgefährtin anbetrifft, so lehnt sie dieses Spiel aus weltanschaulichen Gründen ab. Ich bin darüber natürlich außerordentlich betrübt und bemühe mich, diese Betrübnis loszuwerden, indem ich öfter eine Runde spiele. Am liebsten jeden Tag.

Ich habe wirklich nichts gegen golfspielende Damen. Oder nur ein bißchen: Ich halte es für eine schreiende Ungerechtigkeit, daß sie von einem Tee abschlagen, das weiter vorne ist. Und wenn unsere Bälle dann nach dem ersten Schlag nebeneinanderliegen, sagen sie womöglich, »wir liegen gleich weit«. Das ärgert mich dann so, daß ich noch irgendwo in der Wildnis herumstochere, während sie vielleicht schon mit dem zweiten Schlag aufs Grün kommt.

Ehrlich: Wenn ich wirklich etwas gegen golfspielende Damen habe, dann nur gegen die, die besser sind als ich.

Über einen Wundermann

Es war mir leider nicht vergönnt, Herrn Wermeling persönlich kennenzulernen, aber da man seine Geschichte immer wieder erzählt, möchte ich nicht versäumen, sie hier wiederzugeben. Herr Wermeling soll ein erfolgreicher Geschäftsmann gewesen sein, der mit achtundzwanzig seine erste Siebenstellige auf dem Konto hatte und zwei Ehen hinter sich. Man sagt, er habe es mit Warentermingeschäften getrieben und dabei nicht nur Talent, sondern auch Fleiß entwickelt. Da er diese Fähigkeiten lediglich auf das Geschäftliche konzentrierte, fühlten sich die beiden Gattinnen ein wenig vernachlässigt und verließen ihn – selbstverständlich unter Inanspruchnahme eines Teils des erwähnten Kontos.

Herr Wermeling soll eines Tages zu einem sogenannten Arbeitsfrühstück eingeladen gewesen sein, bei welchem er sich sterblich langweilte, weil die anderen anwesenden Herren im Laufe des Gesprächs vom Geschäftlichen abwichen; sie berichteten sich gegenseitig von gewissen Schwächen beim Abschlag, vom Pech, welches sie im hohen Gras verfolgte, von der Schwierigkeit, die sie beim Putten hätten. Herr Wermeling verstand nur Bahnhof. Da er aber, besonders bei Arbeitsfrühstücken zu denen er eingeladen war, einer gewissen Höflichkeit keineswegs entbehrte, erkundigte er sich nach dem Inhalt des Gesprächs. Man bedeutete ihm, daß man über ein Vergnügen spreche, welches nur von Insidern in seiner ganzen Bedeutungsschwere verstanden würde, sie redeten über das Golfspiel.

Herr Wermeling fragte: »Was ist Golf?« Da hoben die anderen Herren an und redeten etwa eine Stunde durcheinander, um Herrn Wermeling dieses Spiel zu erklären. Herr Wermeling unterbrach sie schließlich mit einem Blick auf die Armbanduhr und einem Hinweis auf seinen Terminkalender »Es tut mir leid, daß ich die Runde sprengen muß. Aber wenn ich Sie recht verstanden habe, handelt es sich hier um ein Spiel, bei dem man mit einem stockähnlichen Schläger einen Ball in ein Loch befördert. Verzeihen Sie mir bitte, aber das kann jedes Kind! Ich halte das für ein sehr infantiles Vergnügen!«

Natürlich erntete Herr Wermeling darob stürmischen Widerspruch. Herr Wermeling schwieg ungeduldig. Bis einer der Herren meinte: »Versuchen Sie es doch selbst einmal!« Herr Wermeling stand auf und sagte: »Meinetwegen! Wir können ja in vier Wochen unser Frühstück in eines von diesen Clubhäusern verlegen. Vielleicht ließe es sich arrangieren, daß wir anschließend eine Runde spielen. Wenn ich gewinne, nehmen Sie mir die fünf Tonnen Kaffee aus Brasilien ab, die ich gestern geordert habe – zu meinen Bedingungen!« Er erntete Hohngelächter. Einer der Herren fragte: »Und wenn Sie verlieren?« Herr Wermeling erwiderte kalt: »Ich verliere nicht!«

Herr Wermeling kehrte zurück in sein Büro, wo er von Frau Häusermann, seiner Sekretärin, begrüßt wurde. Von Frau Häusermann muß man wissen, daß es sich bei ihr um eine resolute sehnige Dame handelte, die nicht nur als rechte Hand ihres Chefs segensreich wirkte, sondern darüber hinaus über das solide Handicap zwölf verfügte, woraus man richtig auf ihren Status als Alleinstehende schließen durfte. Es wäre falsch gewesen, sie wegen ihrer sächlichen Attribute als unweiblich zu betrachten: Frau Häusermann war recht kommunikationsfreudig. Ein Umstand, dem wir übrigens diese Geschichte verdanken.

Herr Wermeling war also in sein Büro zurückgekehrt, sah die Post durch, diktierte Frau Häusermann einige Briefe und fragte sie dann: »Wer ist der beste Golflehrer in Europa?« Frau Häusermann, die ihr Freizeitvergnügen bisher höchstens einmal erwähnt hatte, wenn sie wegen eines dringenden Turniers am Wochenende einige Stunden früher das Büro verlassen wollte, wußte, daß Herr Wermeling keine emotionalen Ausbrüche liebte und antwortete kühl: »Mister Ian McDermott!« Herr Wermeling fragte: »Wo ist er zu erreichen?« Frau Häusermann: »Er arbeitet in der Nähe von Edinburgh!« Herr Wermeling: »Er soll morgen nachmittag um halb drei hier sein!« Frau Häusermann: »In Ordnung!«

Herr Wermeling fuhr fort: »Gibt es in der Nähe einen Golfclub, den ich in höchstens zwanzig Minuten erreichen kann?« Frau Häusermann: »Ja!« Herr Wermeling: »Melden Sie mich dort an und veranlassen Sie das Nötige!« Frau Häusermann: »In Ordnung!« Herr Wermeling: »Veranlassen Sie außerdem, daß mir ein Satz

Schläger zugestellt wird sowie dieser Sack, in den man sie steckt. Dazu selbstverständlich ein Ball!«

Hier nun geschah es, daß Frau Häusermann gegen ihre pflichtbewußte Gewohnheit glaubte, einen Rat anbringen zu müssen. Sie sagte: »Vielleicht sollte ich besser gleich zwei Dutzend Bälle bestellen; Sie werden sie brauchen!« Herr Wermeling, der es nicht gewohnt war, Ratschläge entgegenzunehmen, zog die Augenbrauen leicht nach oben »Warum zwei Dutzend?« Frau Häusermann, der dieser Ausrutscher peinlich war, versuchte zu erklären: »Nun – es könnte vorkommen, daß Sie vielleicht einen Slice nicht ganz vermeiden können. Das ist, wenn der Ball aus Gründen einer nicht ganz perfekten Schlägerhaltung nach rechts wegdreht, wo man ihn im Rough oder gar im Wasser nicht findet!« Herr Wermeling bedachte Frau Häusermann mit einem Blick, bei dem sensiblere Naturen sofort zusammengebrochen wären: »Ich werde keinen Slice haben, weil ich den Schläger perfekt halte! Also, wie ich sagte, ein Ball!« Frau Häusermann: »In Ordnung!«

In allen historischen Aufzeichnungen über dieses Spiel ist nirgendwo auch nur eine Zeile zu finden, die darüber Aufschluß erteilt, welcher Spieler auf der Welt in der kürzesten Zeit vom Anfänger das Handicap Null erreichte, also zum Scratch-Spieler wurde. Man muß diesen Umstand ohne Zweifel als einen unverzeihlichen Fehler bezeichnen, da es sich hier in der Tat um einen Rekord handelt, der sofort in jedem entsprechenden Nachschlagewerk Eingang finden würde; er wäre als Richtlinie für alle Nachfolger sogar von höherem ethischem Wert als beispielsweise jene Weitschlag-Bestleistungen, die völlig überflüssigerweise an anderer Stelle dieses Bandes aufgezeichnet stehen. Um auf den Punkt zurückzukommen: Mir ist vom Hörensagen lediglich die Legende eines Generalmajors bekannt, der mit starken Ischiasbeschwerden im Alter von fünfundfünfzig Jahren in Pension geschickt wurde und am nächsten Tag mit dem Golfspiel begann; ein Jahr später soll er das Handicap zwei gespielt haben.

Wie auch immer: Frau Häusermann, die als unbedingt glaubwürdige Person angesehen werden muß, berichtete, daß Herr Wermeling nach zwei Tagen Scratch spielte. Daß es zwei anstatt nur einen Tag dauerte, war auf die Tatsache zurückzuführen, daß der aus Edinburgh eingeflogene Pro Ian McDermott einen längeren Weinkrampf erlitt, aus dem er sich zwei Stunden lang nicht erholte. Herr Wermeling hatte nämlich die nur zweihundertzwanzig Meter lange Bahn an Loch vier mit einem geraden Drive vom Tee überbrückt, wobei der Ball vierzig Zentimeter links neben der Fahne liegenblieb. McDermott rief daraufhin mit dem Ausdruck größten Entzückens: »Das ist der beste Schlag, den ich je im Leben gesehen habe!« Herr Wermeling wies ihn zurecht: »Ein wenig zu weit nach links!« Darauf kam es zu dem erwähnten nervlichen Zusammenbruch von Ian McDermott.

Herr Wermelings Geheimnis bestand ganz einfach darin, daß er keines hatte. Ian McDermott hatte ihm einmal den richtigen Griff gezeigt, worauf Herr Wermeling immer den richtigen Griff hatte. Ian McDermott hatte ihm einmal die richtige Stellung zum Ball gezeigt, worauf Herr Wermeling nie mehr eine falsche Stellung einnahm. McDermott hatte ihm einmal gesagt, er müsse die Augen konzentriert auf den Ball gerichtet halten, worauf Herr Wermeling sie von dort nicht einmal aufgehoben hätte, wenn ein Schwarm nackter Indianerinnen um ihn einen Kriegstanz aufgeführt hätte. McDermott hatte ihm erklärt, wie locker die rechte Hand beim Schlag zu sein habe, worauf Herr Wermeling eben eine lockere Hand besaß. Herr Wermeling beging einen Fehler nie ein zweites Mal. Eine Maxime, die ihm für das ganze Leben galt. Während andere Golfspieler aus größeren Entfernungen versuchen, den Ball irgendwie in die Nähe der Fahne zu bugsieren, lag die Absicht von Herrn Wermeling auch aus hundert Metern allein darin, direkt das Loch zu treffen. Herr Wermeling liebte keine Umwege. Es ist anzunehmen, daß er sich nach dem Studium einer schriftlichen Anleitung für das Violinspiel hingestellt hätte, um öffentlich das verrückte Paganini-Ding zu spielen. Natürlich mit Erfolg.

Herr Wermeling spielte Golf wie ein Computer, in den man solche Werte wie Seitenwinde, taunasses Grün oder weicher Boden gespeist hat, und der dann das richtige Ergebnis ausspuckt. Er entließ nach einer Woche den aus Schottland eingeflogenen Pro Ian McDermott und nahm auf seine perfekten Runden Frau Häusermann mit – nicht etwa, um ihr doch recht ordentliches Handicap zwölf zu verbessern, sondern um ihr zwischen den Schlägen Anweisungen und Briefe in den Stenoblock zu diktieren, die beispielsweise die Orderung von fünf Tonnen brasilianischen Kaffees zum Inhalt hatten. Es darf hier eingefügt werden, daß Frau Häusermann versuchte, auch noch die Technik ihres Chefs aufzuzeichnen, welche sie in einem Buch mit dem Titel ›Golf mit Hertha Häusermann‹ zu veröffentlichen gedachte; da von einem solchen Band nichts bekannt ist, kann man davon ausgehen, daß sie es aufgab.

Es erscheint müßig, das Resultat jener Runde nach dem Arbeitsfrühstück vier Wochen später zu erwähnen: Herr Wermeling spielte eine Einundsiebzig und verkaufte die fünf Tonnen Kaffee aus Brasilien mit einem Gewinn von vierundachtzig Prozent an seine Partner, von denen der Beste auf vierundneunzig Schläge kam.

Als er wieder in sein Büro zurückkehrte, ließ er Frau Häusermann kommen und gab ihr auf, eine Anzeige in das lokale Blatt einrücken zu lassen: »Verkaufe fast neuen Satz Golfschläger mit Bag sowie einen Ball. Offerten an und so weiter!« Frau Häusermann seufzte tief und sagte: »Aber…« Herr Wermeling zog wieder die Augenbrauen nach oben: »Verehrte Frau Häusermann, ich bin der Meinung, daß Sie in letzter Zeit recht oft zum Widerspruch neigen – gibt es sonst noch etwas?« Frau Häusermann sagte: »In Ordnung, Herr Wermeling!« Im Hinausgehen hörte sie ihn vor sich hinmurmeln: »Ein infantiles Spiel!«

Über die Clubmeisterschaft

Die größte Bewährungsprobe, die ein harmonisches Clubleben zu bestehen hat, ist die Durchführung einer Clubmeisterschaft. Derartige Titelkämpfe haben aus langjährigen Freundschaften und Geschäftsbeziehungen innerhalb eines Tages eisige Feindschaften werden lassen. Gemütliche Biertrinker verwandelten sich in strenge Mineralwasserkonsumenten, liebenswürdige Damen entwickelten sich zu knochenharten Regelexpertinnen. Gegen eine Clubmeisterschaft sind beispielsweise alle Masters-Turniere der Welt ein Klacks: Dort reisen die Spieler ja für eine Woche an und trennen sich anschließend wieder. Im Club aber bleiben sie notgedrungen beieinander und müssen mit dem gegenseitig aufgestauten Frust so lange leben, bis er sich verkrümelt hat. Es soll Menschen geben, die nach jeder zweiten oder dritten Clubmeisterschaft den Club gewechselt haben, weil sie zu einer solchen Frustverkrümelung nicht fähig waren. Sie haben auf diese Weise zwar einen Haufen Leute kennengelernt, da es aber so viele Golfclubs in erreichbarer Nähe nicht gibt, ist das wohl auch nicht die richtige Lösung.

Symptome der Clubmeisterschaft lassen sich erkennen, wenn plötzlich ganz vernünftige Loch-Wanderer auf einmal behaupten, keine Zeit mehr zu haben oder auch keinen Schlag. Dann stellen sie sich auf die Driving Range und kloppen fünfhundert Bälle in die Gegend wie ein automatisches Maschinengewehr; oder sie stehen vier Stunden auf dem Übungsgrün und probieren Putts aus achteinhalb Meter Entfernung. Und wenn einer seine Armbanduhr in der Nähe aufzieht, geraten sie völlig außer sich, weil sich bei dem Lärm keiner richtig zu konzentrieren vermag. Schon allein daran kann jeder erkennen, welche harte Bewährungsprobe eine Clubmeisterschaft darstellt.

Es wird nirgendwo so gnadenlos gelogen wie bei einer Clubmeisterschaft. Was aber weiter nicht schlimm ist, weil ja alle lügen und jeder weiß, daß die anderen es auch tun. Bevorzugte Lügen sind, daß man in diesem Jahr erst zweimal gespielt habe (obgleich man seit vier Wochen jeden Tag morgens um halb sieben auf dem Platz war), daß man gestern leider erst um vier ins Bett gekommen ist (obgleich man es bereits um halb zehn nach der Einnahme schlaffördernder warmer Milch tat), daß man unter dem bösen Ischias leidet (wobei sich das wegen der Nichtbeweisbarkeit noch am ehesten anbietet).

Als äußere Anzeichen einer nahenden Clubmeisterschaft können enge Freunde oder Familienmitglieder auch folgendes ausmachen: Der Clubmeisterschaftsteilnehmer schränkt seinen Zigarettenkonsum von achtzig auf vierzig pro Tag ein, er macht jeden Morgen vor dem offenen Fenster vier bis sechs Kniebeugen, er verweigert seine ehelichen Pflichten und stellt statt dessen eine vollautomatische Putt-Anlage ins Schlafzimmer, das härteste Getränk, das er zu sich nimmt, ist Tee aus handgezupfter Pfefferminze, er nimmt die Treppe und verachtet andere, die im Aufzug fahren. Um seinen Schwung nicht zu verlieren, lehnt er es ab, Lasten zu tragen, die schwerer als ein Bleistift sind, weil sie seinen Muskeln schaden könnten. Außerdem geht er zur Clubsekretärin und schaut nach, ob sein Name auch richtig geschrieben ist.

Am schlimmsten sind die Tage kurz vor Beginn der Clubmeisterschaft, weil sensible Menschen (und wer ist das nicht?) dann oft zu abgrundtiefen Depressionen neigen. Nur charakterlich stabile Wesen überstehen das ohne Schaden.

Ein sorgsamer Clubmeisterschaftsteilnehmer wird jeden Tag mindestens achtmal den langfristigen Wetterbericht studieren, um daraus seine Schlüsse für die Benutzung richtiger Kleidung, Schläger und Bälle zu ziehen. Hatte der Pro nicht kürzlich geraten, bei hohen Temperaturen nur diesen Ball zu benutzen und keinen anderen? Aber wäre es nicht vielleicht sinnvoller, sich auf Regen einzustellen, da es in den letzten zwölf Jahren immer geregnet hat, wenn Clubmeisterschaft war? Selbstverständlich muß ein Clubmeisterschaftsteilnehmer mindestens zweimal täglich kontrollieren, ob sich Hosen, Hemden, Kopfschmerztabletten, Ersatzschnürsenkel, Sonnenbrille, Unterwäsche, Pullover, Handtücher, Salztabletten, Hustentropfen, Bälle, Tees, Schuhe, Socken, Bandagen, Taschentücher, Regelbuch, Heftpflaster, Mückenspray, Kaugummi, Sonnencreme, Vitaminampullen, Kleingeld und eine Schnur für alles in ordentlichem Zustand befinden. Falls nicht, wird er seine Lebensgefährtin in höflicher Weise darauf aufmerksam machen, daß das eine gewaltige Sauerei sei und ob er, der sich doch in jahrzehntelanger Schinderei bemüht habe, die Armut aus dem Hause fernzuhalten, jetzt auch noch die Hemden bügeln solle.

Was die eben erwähnte Lebensgefährtin anbetrifft, so kommt ihr eine nicht unbedeutende Rolle zu. Sie sollte es tunlichst vermeiden, dem Clubmeisterschaftsteilnehmer mit solchen Lappalien zu kommen, wie es Steuererklärungen, Zeugnisse der Kinder, angeschrammte Autotüren, Rasenmähen, Mülleimerraustragen und immense Friseurrechnungen darstellen: Sie würden das eh strapazierte Nervenkostüm einer kaum bezwingbaren Belastungsprobe unterziehen. Sie sollte vielmehr mit stiller Fröhlichkeit auf das ausgezeichnete Aussehen ihres Partners hinweisen, auf die jugendliche Elastizität, mit der er sich bewegt, und auf die hochentwickelte Intelligenz und frappierende Konzentrationsfähigkeit. Ein Mann vor einer Clubmeisterschaft benötigt liebevolles Verständnis und starkes Einfühlungsvermögen. Schließlich steht er vor dem Wendepunkt seines Lebens, welcher ihm Entscheidungen abverlangt, die in ihrer Tragweite für einen anderen, der nicht an der Clubmeisterschaft teilnimmt, kaum abzusehen sind.

Wenn der Morgen des Tages graut, an dem die Clubmeisterschaft stattfinden soll, verabschiedet sich der Clubmeisterschaftsteilnehmer ernst, aber gefaßt von den Seinen. Er legt die Strecke in neuer Rekordzeit zurück und verbirgt seine schweißnassen Hände hinter munterem Geplauder, bei dem ihm niemand zuhört, weil die anderen ihre feuchten Hände ebenfalls hinter munterem Geplauder verbergen.

Beim Abholen seiner Score-Karte beteiligt er sich natürlich am Birdie-Pool für fünf Mark, obgleich er ganz genau weiß, daß er noch nie einen Birdie gespielt hat und es heute schon gar nicht wird. Im Clubhaus wirft er nur einen kurzen Blick auf den dort aufgebauten Tisch mit den Preisen und Pokalen, die so häßlich sind, daß er sie gar nicht haben will. Oder nur im Notfall. Natürlich haben sie ihn wieder in einen Flight gesteckt, in dem er den ganzen Tag mit fanatischen Ehrgeizlingen oder bescheuerten Nichtskönnern verbringen muß, die es niemals lernen.

Gerade in dem Moment, wo der Clubmeisterschaftsteilnehmer seinen ersten Abschlag durchführen will, beginnt im nahen Gebüsch ein paarungsgeiler Buchfink mit seinem dämlichen Gepiepse, bei dem sich kein Mensch konzentrieren kann. Am Abend wird er wieder eine runde Hundert gespielt haben, die ihm den vierunddreißigsten Platz dieser Clubmeisterschaft einbringt. Er wird genau ein Jahr benötigen, um sich davon zu erholen. Bis zur nächsten Clubmeisterschaft.

Spielen Sie nie mit Herrn Dreifmeier!

Es ist gar keine Frage, daß ich gegen einen neuen Freund lieber hier auf unserem Platz spiele als auf irgendeinem anderen. Hier kenne ich jede Pfütze aus eigener Anschauung, ich weiß genau über die Dichte des Dschungels am Rande des Fairways Bescheid, und ich vermag den Putt aus jeder Ecke des Grüns zu spielen, weil mir auch die kleinste Bodenwelle hier geläufig ist. Neue Freunde besitzen den Vorteil, alle diese Erfahrungen erst machen zu müssen und sind deshalb verletzlicher. Auf unserem Platz fürchte ich selbst solche Spieler nicht, die ein weit besseres Handicap nachweisen können.

So war es nur natürlich, daß ich Herrn Dreifmeier gerne zu einer Runde einlud als er sich als Sportsfreund mit gleichgerichteten Interessen zu erkennen gab – ein netter Mensch, mit dem ich bei einer sonst belanglosen Party die wichtigsten Schläge des vergangenen Sommers sehr detailliert durchzusprechen vermochte. Herr Dreifmeier sagte begeistert zu; es machte mich auch nicht weiter stutzig, als er nebenbei bemerkte, wie sehr er es bevorzuge, gerade fremde Plätze einmal zu spielen. Derartiges hört man immer wieder. Ich kann von mir behaupten, wenn auch nicht siegesgewiß, so doch frohgemut dieser Auseinandersetzung entgegengesehen zu haben.

Der Tatsache, daß Herr Dreifmeier erst eine Stunde nach der abgesprochenen Abschlagzeit im Clubhaus eintraf, maß ich keine besondere Bedeutung bei. Obgleich ich Verspätungen in solchen Fällen sonst überhaupt nicht schätze, weiß ja jeder, daß fremde Plätze nie ganz leicht zu finden sind. Herr Dreifmeier war auch sichtlich außer Atem, was bei jeder Verspätung begütigend wirkt. Er erzählte von ausgefallenen Ampelanlagen, einem Verkehrsstau und zwei Unfällen, bei denen er auf dem Herweg nur um Haaresbreite dem Tode entronnen war. Auch das beunruhigte mich kaum, da alle Autofahrer, die zu spät kommen, derartiges erzählen. Ich fühlte mich allerdings ein klein wenig gekränkt, als er bei der Bestellung einer Tasse Kaffee – nur, um wieder zur Ruhe zu kommen – im nur spärlich besetzten Clubhaus recht lautstark verkündete, daß er noch nie auf der ganzen Welt einen Club aufgesucht habe, bei dem die Beschilderung von der Landstraße so miserabel sei – er fügte hinzu, er wisse schließlich, wovon er rede, denn wie jedermann wisse, habe er schon überall gespielt. Ich unternahm den Versuch, ihm flüsternd zu widersprechen, da ich bemerkte, wie sich der Herr am Nebentisch – ein gewisser Herr Haubart (Handicap 16) – durch die Aussage von Herrn Dreifmeier offensichtlich irritiert fühlte. Ich halte Herrn Haubart im täglichen Clubleben zwar für einen ausgesprochenen Stiesel, weil er Menschen mit einem Handicap über 20 als minderwertige Kreaturen betrachtet, aber in diesem Falle teilte ich sein Gefühl: Ich kann es überhaupt nicht leiden, wenn Außenstehende an meinem Club etwas Kritisierbares finden – was nichts daran ändert, daß wir Mitglieder unter uns an langen Abenden sehr gerne der schönen Gepflogenheit der üblen Nachrede nachkommen. Herr Dreifmeier ließ sich nicht beeindrucken, sondern fragte nach dem ersten Schluck aus der Tasse dröhnend den Wirt, ob er sicher sei, daß es sich dabei um Kaffee handele. Dann mußte er schnell mal raus. Als er wiederkam, monierte er die Qualität des Toilettenpapiers und befand, daß es im Vorraum des Clubrestaurants ein wenig streng nach jener Örtlichkeit duften würde, von der er gerade käme. Er fügte noch hinzu, daß ich selbstverständlich nichts dafür könne, wenn der Club sparen müsse und außerdem einen dilettantischen Architekten beschäftigt habe. Er hatte wohl recht damit, denn ich bin in der Tat nicht für die Qualität sanitärer Einrichtungen in unserem Clubhaus verantwortlich – aber seine Kritik traf mich als Mitglied tief.

Es mag deshalb verständlich sein, daß ich am ersten Abschlag ein wenig nervös war – das, was ich dort erreichte, nennt man in der Fachsprache einen ›Benzinger‹. Herr Dreifmeier murmelte lediglich, daß das Fairway ein wenig eng sei und ließ sich über die Länge des Grases und die Unzuverlässigkeit von Greenkeepern im allgemeinen aus. Natürlich beeilte er sich erneut hinzuzufügen, daß ich ja nichts dafür könne – eine Aussage, der ich nicht widersprach, obgleich ich als stellvertretender Rechnungsprüfer mein Scherflein in der Vorstandschaft durchaus seit längerem beitrage.

Nachdem Herr Dreifmeier das erste Loch für sich entschieden hatte, rechnete ich fest mit dem Ausgleich meinerseits, als er seinen Drive tief unter die Nase des Bunkers setzte. In der Tat benötigte Herr Dreifmeier vier Schläge, um sich aus dieser mißlichen Situation zu befreien; nachdem ihm dieses geglückt war, verließ er das sandige Loch, ohne es auch nur eines Blickes zu würdigen. Da Herrn Haubart vom unweit liegenden Tee der vierten Bahn herüberschaute, bemächtigte ich mich der Harke und beseitigte den angerichteten Schaden, was eine gewisse Zeit in Anspruch nahm, da der Sand so zerwühlt war, als hätte ein Dutzend vermehrungsfreudiger Kaninchen hier eine Orgie gefeiert. Herr Dreifmeier war bereits vorausgegangen. Nein – er versuchte keineswegs, einen der Schläge zu verschweigen, so daß es mir trotz gewisser nervlicher Strapazen gelang, dieses Loch zu gewinnen.

Der Abschlag des Dritten befindet sich nur zwanzig Meter neben dem Grün des Zweiten. Herr Dreifmeier zog sein Eisen 3 heraus, stellte sich an den Rand des Grüns und fetzte mit seinem Probeschwung ein Divot von der Größe eines mittleren Fußabtreters aus dem Boden, welches nach interessanter Flugbahn zehn Meter weiter liegen blieb. Dieses Mal vermochte ich mich selbst einem Gast gegenüber nicht zurückzuhalten – vor allem, weil ich bemerkte, wie angestrengt Herr Haubart aus einer gewissen Entfernung das Geschehen beobachtete. Ich sagte: »Aber Herr Dreifmeier!« Er blickte mich nur erstaunt an und meinte, daß das Grün in sehr schlechtem Zustand sei – es würde sowieso keine Rolle mehr spielen. Ich eilte, um das Divot aufzusammeln und einzupflanzen – ich strich sogar mit bloßen Händen jede Erdkrume von dem kurzen Rasen und hätte am liebsten dazu einen Staubsauger benutzt, um die Spuren seiner Untat zu beseitigen. Herr Dreifmeier schaute meinen Bemühungen sehr interessiert zu und dozierte über die Anlage von

Golfplätzen im allgemeinen und meines Golfplatzes im besonderen, wobei er auf die Unmöglichkeit hinwies, ein Fairway so anzulegen, daß man genau gegen die Sonne abschlagen müsse. Mein Einwand, daß eine Stunde früher und eine Stunde später die Sonne anders stehen würde, tat er wiederum damit ab, daß es sich dabei ja um keinen persönlichen Vorwurf handeln würde – ich könne ja nichts dafür. Ich verlor die nächsten vier Löcher recht klar, ohne daß es zu besonders bemerkenswerten Ereignissen kam. Ich muß allerdings zugeben, daß jener Heimvorteil, den ich mir auf unserem Platz gegen Herrn Dreifmeier ausgerechnet hatte, in meiner Spielweise nicht mehr relevant war. Nachdem wir ein weiteres Loch geteilt hatten, hatte ich mich so weit erholt, daß wir auf dem Grün des Achten beide mit guten Aussichten auf einen erfolgreichen Putt lagen. Herr Dreifmeier schritt zur Fahne, um dieselbe zu bedienen – er zog die Stange aus dem Loch und schleuderte sie wie eine Harpune einige Meter weiter in den Boden des Grüns, wo sie zitternd steckenblieb. Ich hatte einen solchen Wurf nicht mehr gesehen seit dem berühmten Film Moby Dick, wo Gregory Peck seine Lanze ähnlich gewaltig in den Leib des Walfisches bohrt. Ich war mir sicher, daß Herr Haubart, der gerade dort drüben das Fairway heraufkam, es gesehen haben mußte und legte meine ganze Bestürzung in die Anklage: »Aber Herr Dreifmeier!« Er puttete.

Ich verlor das Match mit 7 und 5 – ich verzichtete sogar darauf, die restlichen Löcher zu spielen und gratulierte ihm – ich hätte gegen einen Gast, der unseren Platz zum ersten Mal spielt, noch nie so hoch verloren. Er meinte, es hätte ihm sehr viel Spaß gemacht und wir sollten doch bald wieder einmal. Als Herr Dreifmeier in der vergangenen Woche anrief, sagte ich ihm, ich hätte leider einen unaufschiebbaren Termin beim Zahnarzt.

Über Ehe- und ähnliche Paare

Man kann im Golf ungefähr einhundertdreiundachtzig Spiele betreiben, von denen eines allerdings kein Spiel ist, sondern bitterster Ernst. In diesem Spiel, von dem hier die Rede ist, werden vertraute Gemeinschaften gnadenlos zerstört oder zumindest auf Proben gestellt, die jenen des russischen Roulette ähneln. Ja wirklich, ich schließe das Vorkommen von Leichen nicht aus. Es handelt sich um ein Spiel, welches im Hirn brutalster Sadisten entstanden sein muß; jedes ordentliche Familienministerium müßte es bei hoher Strafe verbieten. Ich spreche vom Golfspiel, das Ehe- und eheähnliche Partner miteinander betreiben.

Das geht so, daß der Mann als das angeblich stärkere Wesen der menschlichen Rasse abschlägt, den nächsten Schlag führt die Frau aus, den nächsten wieder der Mann und so weiter. Natürlich kann auch die Frau als erster abschlagen, aber in diesem Fall erkennt man gleich, wer von den beiden zu Hause die Hosen anhat. Am besten ist es, wenn man den Tag, an dem ein solches Turnier stattfindet, geruhsam auf der Clubhaus-Terrasse verbringt: Man kann dann schluchzende Damen und Herren mit versteinerten Gesichtern einzeln vom Kurs kommen sehen. Besonders aufschlußreich wird es, wenn sie ihre Auseinandersetzungen über den vierten verpatzten Putt oder den in den Wald gesetzten Drive an der Clubhausbar fortsetzen. Manchmal schweigen sie sich auch nur an, was kaum weniger eindrucksvoll ist. Oder sie bemühen sich um eine Aussprache grundsätzlicher Art, die so höflich ist, daß das Geschirr dabei leise klirrt.

Beispielsweise so:

Sie: »Ich bin der Meinung, daß wir darüber sprechen sollten. Das darf zwischen uns nicht so stehenbleiben!«

Er: »Könntest du dich bitte vielleicht etwas präziser ausdrücken?!«

Sie: »Na, schließlich hast du ja den Putt danebengesetzt, der nun wirklich kinderleicht war!«

Er: »Wie du meinst. Aber wenn du nicht aus völlig unerklärlichen Gründen den Ball, den ich dir mitten aufs Fairway gelegt habe, ins Unterholz gehauen hättest, wäre ich nicht so nervös gewesen!«

Sie: »Aber es ist doch nur ein Spiel!«

Er: »Richtig. Warum müssen wir also überhaupt darüber reden?«

Sie: »Warum regst du dich dann so auf?«

Er: »Ich rege mich überhaupt nicht auf, ich bin die Ruhe selbst, Himmeldonnerwetternochmal, hör doch auf mit dem blöden Gequatsche!«

Sie: »Wir sollten aber darüber reden!«

Er: »Da gibt es nichts zu reden!«

Sie: »Wenn du nicht den kinderleichten Putt ...« Worauf er geht.

Kurz danach hört man vom Parkplatz die kreischenden Reifen eines Automobils.

Wenn ein Paar allerdings nicht auf der Terrasse bleibt, sondern leichtsinnigerweise tatsächlich an einem solchen Spiel teilnimmt, dann kann es sich nur um ein unwissendes handeln, das so etwas zum ersten Male tut und an den ewigen Honigmond glaubt. In der Regel reicht die Geduld der Partner bis ungefähr auf die dritte Bahn, bei manchen dauert es ein wenig länger, bei anderen beginnt es schon auf der ersten.

Sie: »Mauseltaube, wie schade, daß du wieder einen Slice in deinem Abschlag hattest! Nun muß ich schauen, wie ich aus dem hohen Gras herauskomme, wo du doch ganz genau weißt, wie schwer mir das fällt!«

Er: »Schätzelchen, ich hatte keinen Slice, sondern einen ganz kleinen Hook. Slice ist rechts, Hook ist links, merk dir das doch endlich einmal! Außerdem liegt der Ball sehr gut. Du könntest mit dem Neuner über die Büsche direkt aufs Grün schlagen!«

Sie: »Bist du dir ganz sicher, daß der Slice rechts und der Hook links ist. Ich meine, der Pro hat es mir gestern andersrum erklärt!«

Er: »Es wäre schön, wenn du mir nicht immer widersprechen würdest, Schätzelchen. Und nun nimm das Neuner und hau drauf!«

Sie: »Ich werde ja wohl noch meine Meinung sagen dürfen. Außerdem weißt du ganz genau, daß ich meine Schwierigkeiten mit dem Neuner habe. Meinst du nicht, ich sollte es mit dem Holz versuchen, dem Fünfer?!«

Er: »Holz im Rough, Holz im Kopf. Nun mach schon, hinter uns die Leute warten schon!«

Sie: »Also damit eines klar ist, antreiben lasse ich mich nicht. Ich brauche Ruhe, um mich konzentrieren zu können!«

Er: »Was nimmst du denn da für einen Schläger?!! Das ist kein Fünferholz, sondern das Fünfereisen! Wie willst du damit jemals über die Büsche kommen?«

Sie schlägt, und aufgrund eines unerforschlichen göttlichen Wunders fliegt der Ball über die Büsche und bleibt tatsächlich etwa einen Meter neben der Fahne liegen.

Sie: »Na, siehst du! Warum willst du mir denn so dumme Sachen einreden? Ich weiß doch selbst, welchen Schläger ich nehmen muß!«

Er: »Wer so viel Glück hat wie du, sollte sofort in die nächste Spielbank!«

Sie: »Mauseltäubchen, wie meinst du das?«

Er: »Schätzelchen, so wie ich es sage!«

Sie: »Und nun, Mauseltäubchen, brauchst du nur noch diesen lächerlichen Putt zu machen, dann haben wir schon mal ein Par gespielt!«

Er nimmt seinen Putter und schiebt den Ball am Loch vorbei, einen halben Meter dahinter bleibt er liegen.

Er: »Scheiße!«

Sie: »Mauseltaube, wie man so blöde spielen kann, weiß ich auch nicht!«

Er: »Schätzelchen, halt die Klappe!«

Sie: »Mauseltaube, das darfst du nicht sagen. Meine Mutter hat immer gesagt, man muß. .«

Er: »Deine Mutter kann mir gestohlen bleiben, Schätzelchen!«

Sie: »Ich habe es schon immer gewußt – und jetzt bringst du auch meine Familie ins Spiel!«

Er: »Schätzelchen, würdest du bitte so gut sein und endlich deinen Mund halten!«

Sie: »Du willst nur deinen Ärger über den verpatzten Putt loswerden, Mauseltaube. Und vielleicht geht ein Slice doch nach links!«

Er schließt ergeben die Augen. Nach Erledigung des letzten Putt gehen sie in einigem Abstand zum nächsten Abschlag, von wo er den Ball mit schönem Bogen in einen Teich schlägt. Sie: »Aber Mauseltaube!«

Er: »Wenn du jetzt nicht gleich die Klappe hältst, Schätzelchen, dann passiert was!«

In diesem ohne Zweifel spannenden Moment der Konversation möchte ich mich aus diesem Spiel diskret ausblenden. Wahrscheinlich vermag sich auch ein phantasieloser Mensch vorzustellen, daß dieses Paar kaum das Ende der Runde in völliger Harmonie erreicht. Vielleicht erschlägt sie ihn, wobei man ihr raten sollte, dazu das Eisen 5 zu benutzen, vielleicht wird er sie aber auch in jenem Teich ertränken, womit übrigens endlich einmal der Sinn sogenannter Wasserhindernisse erklärt wäre.

Routinierte Paare in ehelichen oder eheähnlichen Verhältnissen, die Wert auf das gemeinsame Erreichen der Pensionsgrenze legen, werden sich von solchen Spielen fernhalten. Es sei denn, sie sind so routiniert, daß sie sich eh nichts mehr zu sagen haben.

Erholsame Ferien

Wie jedermann weiß, sind Ferien gesetzlich vorgeschrieben, weil sie der Erholung dienen. Diese gesetzlich vorgeschriebene Erholung dient der Volksgesundheit und damit der Produktionskraft und damit dem Bruttosozialprodukt. Da ich nicht in den Ruf eines Gesetzbrechers kommen will, schalte ich also das Telefon auf den automatischen Antworter, stapele die Post in der Diele, sorge für einen Vorrat an Nahrungsmitteln und packe mich selbst in den Liegestuhl im Garten – nicht ohne zuvor kühle Erfrischungen in erreichbare Nähe zu stellen. Wie man aus diesen Vorbereitungen unschwer erkennen kann, halte ich nicht viel von den Reisen in ferne Länder, wo man nicht weiß, was man da zu essen bekommt, welches Ungeziefer nachts ins Schlafzimmer dringt, und man, wenn's regnet, den fremdsprachigen Fernseher mit Leuten teilen muß, mit denen man unter normalen Umständen überhaupt nichts teilen möchte.

Ich döse also in jenem bereits erwähnten Liegestuhl und das Telefon klingelt. Natürlich gehe ich nicht dran, weil ich Ferien hab. Das Klingeln hört auf, aber kein Mensch kann dösen, wenn man weiß, daß auf dem automatischen Antworter sicherlich eine Nachricht ist, die das ganze Leben verändert. Die Nachricht verändert nicht das Leben, sondern nur die Ferien: Maier hat hinterlassen, er sei heute nachmittag auf dem Platz und man könnte vielleicht eine Runde spielen und anschließend vielleicht über die Runde reden und vielleicht etwas planen für morgen. Maier hat offensichtlich auch Ferien. Natürlich werde ich nicht hingehen, ich denke gar nicht daran, mir meine Erholung kaputt zu machen – vor allem, weil sie ja gesetzlich vorgeschrieben ist. Oder höchstens neun Löcher. Als ich am frühen Abend am Sechzehnten bin, denke ich nicht mehr an meinen Liegestuhl und die damit verbundenen gesetzlichen Vorschriften – ich denke nur, daß ich ›3 Unter‹ meinem Handicap liege und den Rest nur Par spielen müßte und mir sogar noch einen Bogey leisten könnte. Ich schwitze. Maier auch, aber nur, weil er gleich die Rechnung übernehmen muß. Es wurden zwei Bogeys und ein Doppel-Par. Im Clubhaus treffe ich Müller, der mir klarmacht, daß ich morgen unbedingt an dem ›Early-Morning-Turnier‹ teilneh-men müßte – und das sei immer ein ganz besonderer Spaß, weil da alle so unausgeschlafen sind. Außerdem sei er der Sponsor mit ganz netten Preisen und er würde es als persönliche Beleidigung ansehen, wenn ich nicht käme. Um halb Sechs ist Abschlag. Ich denke, der kann mich mal, weil ich nie und nimmer morgens um Vier aus dem Bett komme, und schon gar nicht, um Golf zu spielen und überhaupt habe ich Ferien.

Am nächsten Morgen um halb Sechs nieselt es leicht, alle frö-steln und geben sich munter – die Rehe neben dem zweiten Grün schauen erstaunt, lassen sich aber weiter nicht stören. Ein Early-Morning-Turnier hat den Vorteil, daß es gegen zehn bereits zu Ende ist, was sich aber für den weiteren Verlauf des Tages als Nachteil erweist, weil irgend jemand mit Sicherheit auf die Idee kommt, doch schnell das Stündchen hinüber nach Schwungburg oder Dreifheim zu fahren, um dort einmal achtzehn Löcher zu spielen. Man habe doch so viel von dem Gastronom in Schwungburg (oder Dreifheim) gehört – man sollte den doch einmal ausprobieren. Als ich gegen Mitternacht aus Dreifheim (oder Schwungburg) heimkehre, habe ich zu viel gegessen und bin seit zwanzig Stunden auf den Beinen, was man bei sechsunddreißig Löchern wörtlich nehmen kann. Außerdem habe ich die Einladung für das Pro-Am in Kleckersdorf für morgen in der Tasche, und damit ich auch bestimmt hinkomme, hat mir die reizende Dame, mit der ich in Schwungheim (oder Dreif-burg) spielte, auch gleich die Startgebühren abgeluchst und die Abschlagszeit (um Elf) mitgeteilt. Bis Kleckersdorf sind's gut zwei Autostunden.

Es läuft wirklich wunderbar an diesem Tag, zumindest auf den ersten Neun. Und wenn der Pro, dieser Dussel, auf den letzten Fünf ein bißchen mehr auf Sicherheit gespielt hätte, wären wir ganz vorn gelandet. Für den nächsten Tag hatte ich schon Wochen vorher den Vierer ausgemacht, der ein Reinfall war, weil es mit dem ersten Abschlag zu regnen begann und mit dem letzten Putt aufhörte. Es gibt zwei Dinge, die ich nicht ausstehen kann bei diesem Spiel – erstens Regen und zweitens Berge. Der Platz in Pitschtal würde an Gemsen hohe Anforderungen stellen, wobei die aber gar nicht daran denken, Golf zu spielen. Als ich zu Hause den automatischen Antworter abhörte, hatte Maier angerufen und hinterlassen, daß er endlich eine Abschlagszeit in Schippenheim erhalten habe, wo man – wie jeder weiß – sehr schwer eine Abschlagszeit bekommt, und wenn, dann nur mit Beziehungen. Am nächsten Abend habe ich darüber nachgedacht, was die Leute nur Großartiges an dem Platz in Schippenheim finden. Ich halte die Grüns dort für saumäßig, die Roughs für kriminell, die Bunker für hinterlistig und die Preise im Clubhaus für reinen Wucher. Zudem hatte ich ,10 drüber‹ gespielt (nicht Par, sondern über meinem Handicap), was mich bewog, die Scorekarte in einer spontanen Aktion zu vernichten. Maier dagegen strahlte, weil ich das Abendessen zu bezahlen hatte.

Nach knapp zwei Wochen Ferien, die – wie bereits erwähnt – meiner gesetzlich vorgeschriebenen Erholung dienen sollten, hatte ich zwölf Plätze gespielt, an acht Turnieren teilgenommen und etwa fünfzehnhundert Autokilometer zurückgelegt. Ich stellte fest, daß meine Hände zitterten, ich litt nächtlich unter Schweißausbrüchen und Alpträumen, in denen ich die leichtesten Putts daneben schob – ich hatte einige liebe Mitmenschen verprellt, deren abendliche Einladungen ich absagte, weil ich morgens um Sechs aufstehen mußte, um irgendwo rechtzeitig am Start zu sein – ich litt unter schrecklichem Sonnenbrand und gleichzeitig unter allen Anzeichen einer fiebrigen Grippe, die ich mir im Regen in Schwungburg (oder Dreifheim) geholt hatte. Oder war's in Kleckersdorf gewesen? Schließlich kam es auch noch zum Eklat mit einer mir nahestehenden Dame, die mich besuchen wollte; ich mußte ihr nach einem Blick auf meinen dichtgedrängten Terminkalender mitteilen, daß ich im Moment keine Zeit hätte – sie solle es doch noch einmal zwischen Weihnachten und Neujahr versuchen, aber nur, wenn's geschneit hat. Ich habe seither nichts mehr von ihr gehört.

Als die Zeit meiner gesetzlich vorgeschriebenen Erholung abgelaufen war, habe ich das Telefon wieder angeschaltet, die Post gelesen, die Nahrungsmittel (soweit sie nicht verdorben waren) in die Kühltruhe gepackt und den Liegestuhl wieder auf den Speicher getragen. Danach bin ich in das Büro gegangen, wo man mir einen Schreibtisch für die tägliche Arbeit hingestellt hat. Man hat mich dort wegen meiner braunen Haut sehr bewundert, und als ich darauf hinwies, daß ich ganz ruhige Ferien zu Hause verbracht hätte, wurde mir fast ein Applaus zuteil. Aber ich überlege mir, ob ich nächstes Jahr nicht vielleicht doch einmal wieder verreise. Allerdings sollte kein Golfplatz in der Nähe sein.

Über Golferistik

Wenn man davon ausgeht, daß die charakterstarke Ehrlichkeit der Ausübenden als Voraussetzung für jedes Golfspiel anzusehen ist, bleibt die Feststellung, daß noch nie jemals einer den Ball eines Konkurrenten in die weiche Rough-Erde trat, seinen Score falsch eintragen ließ oder den verlorenen Ball durch das Hosenbein ersetzte. Jeder Golfer, der dieser These zu folgen imstande ist und unglücklicherweise durch großes Pech immer noch nicht das einstellige Handicap erreichte, wird zugeben müssen, daß es nur zwei Möglichkeiten gibt, sein Ergebnis ohne Manipulation zu verbessern: Entweder begibt er sich täglich zwei Stunden auf die Übungswiese und spielt anschließend mindestens achtzehn Löcher – oder er befleißigt sich eines Spiels, welches wir im weiteren Sinne als Golferistik bezeichnen möchten. Ein Wort übrigens, welches hier und heute geboren wurde und deshalb noch der Aufnahme in die entsprechenden Nachschlagewerke bedarf; wir sind sicher, daß man dieser Formalität alsbald nachkommen wird.

Die Golferistik als solche hält sich streng an Regeln und Etikette – sie sieht sogar das sehr verbreitete Hüsteln oder Schlüsselklappern am Abschlag oder beim Putt als plumpes und phantasieloses Störungsmanöver an, welches seit langem einer ausdrücklichen Erwähnung in den Regeln bedurft hätte. Golferistik bewegt sich auf höherer Ebene. Man könnte sie, etwas leger formuliert, ungefähr wie folgt beschreiben: »Wie gewinne ich in einem Spiel, welches ich nicht beherrsche?«

Ein kleines Beispiel: Der Ball des anderen ist durch eine schicksalhafte Fügung sehr penetrant bis unter die Gras-Nase eines Bunkers geflogen – wie jedermann zugeben wird, handelt es sich hierbei um eine sehr interessante golfsportliche Aufgabe. Der instinktlose Golfer, dem jedes Gefühl für die Seele seines Mitmenschen abgeht, feixt in solcher Situation und macht den anderen auf das Mißliche der Ball-Lage aufmerksam, obgleich dieser sie selbst längst bemerkt hat. Einer, der Regelkenntnis und Kultur sein eigen nennt, wird sich auf die andere Seite des Bunkers stellen, mit kundigem Blick den Ball fixieren und alsdann die Schläge zählen – nicht sehr laut, aber immerhin noch so, daß der andere es vernimmt. Vorsichtige Naturen behalten in einem solchen Fall allerdings eines der längeren Eisen in der Hand – man weiß ja nie, ob es sich bei dem anderen um einen Choleriker handelt, dessen Geduldsgrenze sehr niedrig liegt. Natürlich braucht es nicht unbedingt ein Bunker zu sein – ein tiefes Rough oder ein kleines Feuchtbiotop eignen sich für diesen Anwendungspunkt der Golferistik genauso gut.

Das Lob seinem Mitspieler gegenüber gehört ebenfalls zur Golferistik, wobei hier allerdings ein gänzlich anders gelagerter Charakterzug angesprochen wird. Es gibt keinen Menschen, der nicht gerne gelobt würde für seine Taten – selbst auf dem Golfplatz. Der muntere Zuruf »Das war Ihr bester Schlag heute!« wird den Mitspieler ganz besonders freuen, wenn er in einem Lochwettspiel schon ›auf 2‹ liegt oder in einem Zählwettspiel bisher bereits acht Schläge weniger benötigte. Nur ein von krankhafter Arroganz gepeinigter Mensch wird insgeheim denken: »Was bildet sich dieser Trottel denn ein! Meint er, ich hätte bisher keinen Ball getroffen!?« Wer nach einem schönen Lob zu solchen Gedanken fähig ist, wird mit Sicherheit seinen nächsten Schlag noch besser durchführen wollen, was leider zu einem grauenvollen Slice führt.

Das schmeichelnde Lob oder auch das spontan erregte Lob sind in fast allen Situationen dieses Spiels angebracht, gehören zum festen Bestandteil der höheren Golferistik und führen zu den wunderbarsten Ergebnissen. Da – wie jedermann bekannt ist – alle Golfspieler nach Perfektion streben, braucht man nach zwei oder drei gespielten Bahnen nur Bewunderung auszudrücken: »Ihr leichter Schwung ist unnachahmlich! Ich habe noch nie so einen flüssigen und lockeren Bewegungsablauf gesehen!« Der solcherart Bewunderte wird sich zwar gleichmütig geben, aber nichtsdestotrotz einer inneren Freude anheimfallen, welche ihn anspornt. Während er vorher keinen Gedanken an Leichtigkeit, Flüssigkeit und Lockerheit seines Schwunges verschwendete, sondern diese aus reiner Intuition erreichte, wird er sich beim nächsten Schlag bemühen, noch lockerer, flüssiger und leichter zu schwingen. Die Psychologie lehrt uns, daß niemand so steif ist wie einer, der sich bemüht, locker zu sein. Die Folgen beim Bewunderten drücken sich entweder in einem fußmattengroßen Divot oder einem getoppten Ball aus, der raschelnd in einem naheliegenden Rübenacker verschwindet. Out of bounds natürlich.

Eine Nuance gröber, aber immer noch der Golferistik zugehörig, ist es, neben Lob und Bewunderung auch eine kleine Prise Skepsis einfließen zu lassen. Etwa so: »Einfach super, wie Sie heute die kurzen Eisen spielen! Mir ist das noch nie so aufgefallen! Sie haben noch keinen einzigen Fehler gemacht. Ich bin wirklich gespannt, ob Sie das bis zum letzten Loch durchhalten?!« Die kleine Nervosität, mit der der Mitspieler beim nächsten Mal sein Eisen 9 zur Hand nimmt, dürfte ihre Folgen haben. Man sollte Lob und Bewunderung allerdings nicht übertreiben – es könnte sonst sein, daß man in Zukunft sehr einsame Runden zu spielen gezwungen sein wird.

Einer der ehernen Grundsätze aller Golferistik ist es, Klagen über das eigene Spiel unbedingt zu unterlassen. Wehleidiges Lamentieren darüber, daß man seit gestern seinen Schwung verloren habe, nutzt einem nichts – schlimmer: Es verleiht dem anderen nur noch mehr Sicherheit. Wenn es schon unbedingt sein muß, dann sollte eine kleine Selbstkritik erst dann eintreten, wenn man mit dem ersten passablen Schlag des Tages auf dem fünften Fairway den Ball aus hundertachtzig Metern vier Meter links neben die Fahne gelegt hat – und auch dann nur als kleines Selbstgespräch: »Welch' schrecklicher Hook!« Falls sich ein Gespräch ergeben sollte, wenn man nicht seinen besten Tag hat, ist es bedeutend vernünftiger, das Thema auf die verfehlte Agrarpolitik in der Union der sozialistischen Sowjetrepubliken seit Stalin zu bringen, oder auf den Börsenkrach an der Wall Street. Wichtig ist es dabei nur, eine möglichst abenteuerliche These aufzustellen, und diese dann vehement zu verteidigen. Das Wissen über den Dow-Jones-Index an der Börse von Tokio verschafft Respekt beim Mitspieler und zeigt gleichzeitig, daß man sein Golf nur zur Entspannung von geistigen Anstrengungen betreibt. Bei einem wohlgesonnenen Stand der Sterne kann man davon ausgehen, daß der andere nun ebenfalls seinen peinlichen Ehrgeiz vergißt und daraufhin einige Schläge versaut.

Die golferistische Wissenschaft, die hier nur anhand einiger weniger Exempel erläutert werden kann, warnt Menschen männlichen Geschlechts grundsätzlich davor, mit Damen zu spielen – vor allem, wenn die Gefahr besteht, daß diese besser sind. In allen untersuchten Fällen war es völlig sinnlos für den unterlegenen Mann, darauf hinzuweisen, daß es sich hier ja nur um eine Juxrunde handle, daß man das Zählen doch bleiben lassen solle, daß man besser daran täte, das schöne Wetter zu genießen. Der freundschaftliche Faustschlag zwischen die Schulterblätter nach dem letzten Loch – »Menschenskind, Ingeborg, du hast wirklich viel dazugelernt! Wir müssen unbedingt einmal ernsthaft gegeneinander spielen!« – kann bei entsprechender Härte nur zu einer vorübergehenden Bewußtlosigkeit führen, die ja irgendwann zu Ende ist. Selbst ein Heiratsversprechen, welches – auf dem siebzehnten Grün abgegeben – zur Verschwiegenheit verpflichten sollte, nutzt nichts; spätestens eine Stunde nach dem letzten Schlag wird die Kunde im Clubhaus verbreitet sein, daß Frau Sowieso den Herrn Sowieso geschlagen hat. Auf die Dauer schadet das dem Image. Man kann das nur vermeiden, indem man einem anderen Club beitritt, wo die Damen weniger gut spielen.

Über Bücher

Natürlich habe ich nichts gegen Bücher, denn schließlich bestreite ich damit einen bescheidenen Lebensunterhalt. Natürlich habe ich auch nichts dagegen, daß diese Bücher in möglichst großer Zahl verkauft werden. Vor allem meine. Aber man wird ja noch sagen dürfen, daß der praktische Nutzeffekt mancher Bücher zumindest umstritten ist; es sei denn, man legt einem Buch noch eine Gebrauchsanweisung bei, die wiederum ein Büchlein sein kann, was übrigens eine hübsche Idee ist.

Ich rede jetzt nicht von Lesebüchern, die der Unterhaltung oder der Freude an hoher Dichtung dienen, sondern von sogenannten Gebrauchsbüchern, aus denen man beispielsweise lernen kann, wie man richtig schwimmt, boxt oder Tennis spielt. Anleitungen zum Kochen, zum Bau eines Vogelhäuschens oder zur Pflege der Rosen leuchten mir ein: Da legt man das Buch aufgeschlagen auf den Küchentisch und schaut nach, wie man eine Speckscheibe an einer Fasanenbrust befestigt und gleichzeitig ein sehr mildes Kraut schmort. Bei Büchern, aus denen man lernen soll, wie der Degen beim Fechten erfolgreich geführt wird, ist das schon schwieriger – obgleich es Menschen geben soll, die nach einer Schwimmanweisung ins Wasser springen und tatsächlich nicht absaufen.

Ein Mensch, der einen Sport erlernen will, hat meistens beide Hände voll damit zu tun, sich mit ungewohnten Geräten zu befassen. Ja, selbst ein Buch, in dem einem vorgeschrieben wird, wie man richtig läuft, läßt sich während der Ausübung nicht nutzbringend anwenden. Es sei denn, es fährt einer mit dem Auto nebenher und liest vor, was eine bescheuerte Vorstellung ist. Man müßte eine Art Notenständer neben sich stehen haben, wo man das Buch aufgeschlagen herrichtet, so daß man eventuell jederzeit nachgucken kann, wo der Ball beim Aufschlag im Tennis hingeworfen werden muß, damit man ihn richtig wie Boris Becker trifft; man muß dann allerdings auch gleichzeitig nachlesen, wie man den Schläger bei der Ausholbewegung, dem Schlag und dem Ausschwung führt, was schon wieder recht schwierig ist. Kein Mensch vermag zwei Dinge zu gleicher Zeit zu lesen.

Nun gut, beim Golf liegt der Ball wenigstens still, wenn auch in einem Mauseloch. Aber diesen Buchständer neben sich brauchen Autodidakten trotzdem, wenn sie sich nicht immer bücken wollen, um etwas nachzulesen. Und dann sollten sie ein handliches Regal auch an ihrem Caddiewagen anbringen, denn mit einem Buch allein kommen sie mit Sicherheit nicht aus. Ich weiß, wovon ich rede, denn mittlerweile habe ich mindestens ein Dutzend Golf-Lehrbücher im Schrank stehen, die allesamt von mehr oder minder berühmten Spielern stammen, die in unendlicher Güte ihr Wissen uneigennützig weitergeben, anstatt es egoistisch dazu zu benutzen, eine Million Dollar zu gewinnen. Ähnlich humanes Verhalten gibt es nur noch in Büchern, aus denen man das Lottospielen lernt.

Nehmen wir beispielsweise den Schwung. In dem einen Buch finde ich folgende, selbst mir verständliche Anleitung: »Richten Sie beim Üben Ihren Schwungrhythmus nach der Uhr aus Großvaters Zeiten aus, also ›hin und her‹ oder ›eins und zwei‹. Das kann gleichermaßen für Arme und Knie gelten, so daß beide harmonisch zusammenwirken.«

Als gründlicher Golfeleve ziehe ich selbstverständlich auch ein anderes Buch zu Rate. In dem steht »Versuchen Sie sich ein großes Rad vorzustellen, in dessen Zentrum sich Ihr Kopf befindet. Die Felge des Rades läuft durch den am Boden liegenden Ball. Arme und Schläger bilden zusammen einzelne Speichen. Können Sie den Körper drehen und die Arme innerhalb der Kreisebene des Rades schwingen, dann schaffen Sie es auch, den Ball in Richtung Ziel zu schlagen.«

Allein aus diesen beiden Beispielen ist mit Leichtigkeit zu ersehen, in welche Gewissenskonflikte man da geraten kann: Soll ich mir vorkommen wie der Perpendikel an Opas Standuhr, oder ist mein Kopf als Nabe eines Rades zu betrachten, um die sich alles dreht. Bequemer ist sicherlich die Vorstellung, als Standuhr zu gelten; rein gefühlsmäßig tendiere ich allerdings zur Radnabe, weil sich mir alles dreht.

An anderen Stellen lese ich: »Der wohl größte Unterschied zwischen einem Golfer mit hohem und einem mit niederem Handicap liegt in der Weite, die er mit dem Ball erreichen kann.« Oder: »Ein realistischer Optimismus ist die richtige Einstellung zum Golf.« Mannomann, was hat bei mir der Optimismus mit Realismus zu tun? Wenn ich nämlich des realistischen Denkens noch fähig wäre, würde ich meine Schläger morgen nachmittag in den Teich werfen, wo er am tiefsten ist. Warum erst nachmittags? Weil ich vormittags noch eine Runde spielen möchte, von der ich hoffe, daß sie eine entscheidende Änderung bringt! Kurz: Ich habe noch nie einen realistisch denkenden Golfspieler kennengelernt.

Gesetzt den Fall, ich würde tatsächlich etwas aus den Büchern lernen, was man ja wohl nicht ganz ausschließen kann, weil weder Verleger noch Autoren verrückt genug sind, sich finanziell zu ruinieren, bleibt trotzdem ein Manko: Unter Tausenden von Schriften und Broschüren, die allesamt dazu dienen, mir die gesundheitlichen und sittlichen Aspekte sichtbar zu machen, unter denen körperliche Ertüchtigung abläuft, gibt es sicherlich allein achtundneunzig Exemplare nur über das Erlernen eines Putts, der auch dort hinrollt, wo er hin soll. Es fehlt jedoch an einer Anleitung, die über die richtige Durchführung bestimmter Bewegungsabläufe hinausgeht und mir erklärt, wie man gewinnt. Oder wie ich – verdammt noch mal – von meinem hohen Handicap herunterkomme!

Um diesem Band wenigstens einen einzigen brauchbaren Ratschlag mitzugehen, der in diese Richtung geht, schlage ich vor, diesen krankhaft ehrgeizigen Menschen mit einstelligem Handicap ganz nebenbei folgenden Hinweis unter die Nase zu reiben: »Wissen Sie, ich will gar nicht gewinnen; ich sehe darin nicht den Sinn dieses Spiels. Ich spiele nur zum Spaß!« Das ist zwar eine infame Lüge, aber wenn der andere nicht gerade ein völliger Rohling und ohne jede Sensibilität ist, wird er sich vielleicht ein wenig zurückhalten. Viel nutzen wird es allerdings kaum, aber der Frust ist kleiner.

Über Freunde

Wenn ich mein Lebtag Golf gespielt hätte, wäre der rechte Knöchel (Fußball), der rechte Ellenbogen (Tennis), das linke Knie (Hockey), die Leisten (Jogging) und das Kreuz (Reiten) noch in Ordnung, vielleicht hätte ich sogar ein einstelliges Handicap. Manche Freunde aus jener Zeit, als ich noch nicht dem rechten Glauben anhing, sind allerdings der Meinung, mir helfen zu müssen. Gottfried beispielsweise ruft immer wieder einmal an und fragt, ob wir nicht ein bißchen Tennis spielen wollen.

Ich frage zurück: »Hast du McEnroe im Fernsehen angeschaut?«

Er, kleinlaut: »Ja!«

Ich: »So wie der sich aufführt, würde ein Golfspieler sich niemals gebärden. Oder könntest du dir vorstellen, daß der Bernhard Langer je einem Schiedsrichter Prügel angedroht hat? Golfspieler benehmen sich besser als Tennisspieler!«

Gottfried, mit geringem Widerspruch: »Iranische Studenten benehmen sich auch besser als Tennisspieler – ich kann sie trotzdem nicht leiden!«

Ich: »Das ist mir zu philosophisch!«

Gottfried allerdings ist hartnäckig. Er glaubt, er müßte mich auf den Pfad der Tugend zurückführen, obgleich ich gar nicht zurückgeführt werden möchte und außerdem der Meinung bin, daß meine Tugend im Moment gut aufgehoben ist. Um ihn wenigstens etwas zu versöhnen, sage ich: »Außerdem lassen meine vielen Verletzungen es nicht zu, daß ich Tennis spiele!«

Gottfried aber ist ein echter Freund und um mein Seelenheil bedacht. Aber manchmal übertreibt er. So steht er eines Tages da und sagt, daß er jetzt auch Golf spielen wolle. Ich sage, daß ich jetzt gerade keine Lust hätte, obgleich ich eigentlich immer Lust zum Golfen habe. Und ich sage, es sind zu viele Leute im Moment auf dem Platz, und bei dem Gedränge mußt du warten, bis sie in dem Flight vor dir endlich das Grün freimachen, während die vom Flight hinter dir andauernd »Fore« schreien und die Bälle einem um die Ohren fliegen, was ganz besonders gefährlich ist, wenn man getroffen wird. Ich will ihm das Golfspielen ausreden und sage auch, daß er seinen Job und sein liebes Weib vernachlässigen werde. Ich weise auf die schrecklichsten Beispiele inklusive meines eigenen hin, aber er läßt sich nicht abwimmeln.

Gottfried sagt: »Denke doch mal, wie schön das früher war, wenn wir zusammen Tennis gespielt haben. Da mußtest du nicht warten, bis das Grün frei war, und von hinten wurdest du nicht erschossen!« Weil ich weiß, daß Gottfried ein begnadeter Langschläfer ist, sage ich: »Wenn du unbedingt willst, kannst du ja mal mitgehen. Morgen früh um sieben am ersten Abschlag!«

Gottfried weiß natürlich, daß mein Genie in Sachen Langschlafen noch viel stärker entwickelt ist als seins, aber er ist eben doch ein rechter Freund, und als ich am nächsten Morgen gegen acht eintrudele und nichts Böses ahne, steht er bereits auf der Übungswiese und hat sogar sein Greenfee selbst bezahlt, womit die Reinheit seines Charakters einwandfrei nachgewiesen ist.

Nein, Gottfried redet auch nicht. Oder zumindest nicht so, daß es einem auf den Wecker geht. Beim Abschlag und beim Putten gibt er keinen Mucks von sich, obgleich ich sagen muß, daß er einen richtigen Mist zusammenspielt. Er flucht nicht oder nur ganz leise, und gerät auch nicht in Verzückung, als ich am kurzen Vierer die Murmel drei Meter neben die Fahne lege, was mir nur selten passiert und unter glaubhaften Zeugen bisher niemals. Leider brauche ich dann trotzdem zwei Putts, was mich ein bißchen aufregt. Aber er läßt sich nichts anmerken.

Nachher nehmen wir einen Kleinen auf der Terrasse, und es ist ein warmer Vormittag, an dem man froh ist, die Runde hinter sich zu haben, bevor da wieder ein Gewitter aufzieht. Gottfried ist ein sturer Kerl und sagt: »Ich glaube, Golf ist ein unsoziales Spiel!«

Ich brause natürlich innerlich, bleibe aber sonst ganz ruhig und sage: »Du spinnst!«

Gottfried sagt: »Beim Tennis geht das los, daß du mich anrufst und fragst, ob wir nicht morgen früh spielen sollen. Dabei reden wir über die Benzinpreise oder übers Wetter oder wie gestern das Fernsehprogramm war. Wenn wir spielen und ich frage dich, wie es kommt, daß ich heute keinen vernünftigen Aufschlag zustande bringe, wirst du mir einen zehn Minuten langen Vortrag darüber halten, daß ich den Ball nicht gut werfe und den Rückschwung zu spät einleite. Tennis ist ein kommunikationsfreudiges Spiel, weil es alleine nicht geht – es sei denn, man schlägt gegen die Wand. Aber die beantwortet einem, wenn man so will, auch nur jene Fragen, die man ihr mit Ball und Schläger stellt!«

Ich sage: »Gottfried, du weißt, ich kann dich gut leiden. Das merkst du schon daran, daß ich dir solange zuhöre. Aber du redest zuviel. Du bist der Patenonkel meines Kindes, und ich habe dir einmal Geld geliehen, als du in der Lola-Bar unter die Räder geraten bist. Aber laß mich zufrieden!«

Gottfried sagt: »Golf ist ein egoistisches Spiel!«

Ich sage: »Na und?!«

Gottfried sagt: »Golfspieler fühlen sich am wohlsten, wenn sie der Meinung sind, die einzigen Menschen auf der Welt zu sein!«

Ich sage: »Vielleicht hast du recht!«

Gottfried sagt: »Tennisspieler ohne Partner sind wie Hochzeitsreisende allein im Hotelzimmer. Die Zahl der Dinge, die sie unternehmen können, ist stark limitiert!«

Ich sage: »Golfspieler sind unabhängiger. Sogar McEnroe braucht einen zum Training!«

Gottfried sagt: »Golfspieler geraten nicht ins Schwitzen – was ist das für ein Sport?!«

Ich sage: »Wenn Schweiß ein typisches Kennzeichen für Sport ist, müßte man auch das Rasenmähen zu Hause im Vorgarten zum Sport zählen!«

Gottfried sagt: »Sage mir ein Argument, was für Golf spricht!«

Ich sage: »Es ist bei weitem die angenehmste Beschäftigung, der man im bekleideten Zustand nachgehen kann!«

Gottfried sagt: »Du Schwein!«

Wie gesagt, Gottfried ist sonst ein wirklicher Freund. Aber er soll mich zufrieden lassen oder selbst einen ordentlichen Abschlag lernen. Gestern ruft er an und sagt, daß er einen Arzt weiß, der mir den Tennisarm in Nullkommanix wegmachen könne. Vielleicht werde ich sogar hingehen. Der Ellenbogen stört mich nämlich beim Abschlag.

Über Colf, Kolf und Golf

Dort, wo sich im Regal jene Bücher befinden, die man bereits zu den antiquarischen zählen kann, steht ein Band aus dem Jahr 1922 mit dem Titel ›Der Stockball‹; er behandelt solch unterschiedliche Spiele wie Hockey, Polo und auch Golf. Zu Beginn der Golfgeschichte heißt es: »Die Geschichte des Golfspiels reicht bis etwa zum vierzehnten Jahrhundert zurück. In diesem Zeitalter hat es in Schottland seine eigentliche Ausbildung bis zu der heutigen Form erhalten. Im fünfzehnten Jahrhundert war Golf in Kaledonien derart volkstümlich geworden, daß sich die Landesregierung gezwungen sah, seiner weiteren Ausbreitung gesetzlich Einhalt zu tun. Aus den Chroniken wissen wir ferner, daß sowohl Maria Stuart und Karl I. als auch Jakob I. begeisterte Anhänger des Golfsports waren.«

Wenn man gutmütig ist, kann man sagen, daß der Autor es nicht besser wußte. Wenn man böse ist, muß man das als Schlamperei bezeichnen. Wenn man es genau betrachtet, stimmt an dieser Schreiberei kaum etwas – mit Ausnahme des Steckenpferdes der königlichen Hoheiten und des Verbots. Letzteres ist übrigens eine Sache, die in historischen Betrachtungen nahezu aller Sportarten auftaucht: Schriftlich erwähnt wurden sie erst, als sie verboten wurden.

Um den Historikern, die sich nachts den Kopf darüber zermartern, ob die Pharaonen vielleicht Fußball spielten, wenn sie gerade keine Pyramiden bauten, den Wind aus den Segeln zu nehmen: Möglicherweise haben sie im alten Ägypten, Persien, Griechenland, Rom und China tatsächlich schon so etwas wie Golf gespielt – warum nicht? Aber man möge mir meine Skepsis verzeihen: Gerade im Sport haben die Forscher immer das gefunden, was sie finden wollten. Als sie feststellten, daß die alten Römer einen Ball mit der Hand über ein Netz oder eine Schnur schlugen, haben die Tennisleute das genauso als den Urahn ihres Sports für sich in Anspruch genommen wie die Volleyball- und die Faustballspieler. Und als sie in Mexiko entdeckten, daß man früher mit dem Hintern eine Kautschukkugel in einen an der Wand befestigten Steinring bugsierte, hatten die Basketballspieler ihren Opa gefunden. Und die alten

Golfspieler werden ihre Ahnen wahrscheinlich ebenfalls an der gleichen Stelle suchen wie die Baseball-Menschen, die in den USA so populär sind. Und da die Gemälde der alten Niederländer oft genug Spieler mit Schläger und Ball auf dem Eis zeigen, sind hier auch gleich noch die Eishockeyspieler zur Stelle: Seht her …

Ich habe da so meine Zweifel. Nicht jeder, der irgendwann einen Schafmist, eine Eichel oder gar einen Ball mit einem Knüppel vor sich hertrieb, ist auch gleich ein Golfvorfahre.

Wenn man mir eine Emotion gestattet, die die ernsthaften und faktengeilen Historiker ja mit Recht auszuschließen versuchen, so paßt mir die schottische Legende am besten: Da haben die Fischer und die Schafhirten am Strand und in den Dünen gespielt – am liebsten in Richtung des Wirtshauses, wo sie anschließend bei schottischem Landwein über ihre Taten erzählten. St.Andrews nördlich von Edinburgh an der Ostküste Schottlands ist dazu noch ein Kaff, welches sich mit seiner stur-steifen Pingeligkeit wunderbar dazu eignet, als Heimat einer skurrilen Weltanschauung zu gelten, als die dieses Spiel angesehen werden muß. Der Ort ist übersichtlich, windig, oft regnerisch. Das Haus des Clubs ragt dort auf wie eines von den Schlössern, in denen bekanntlich immer Geister umgehen. Für Menschen, die für derartige Dinge eine Antenne besitzen, ist es sehr schwer, von dieser Legende Abschied nehmen zu müssen. Sie klingt wunderbar, aber sie hat den Fehler vieler Legenden: Sie stimmt nicht.

Weil die Hinweise auf den wirklichen Ursprungsort nämlich recht eindeutig für eine Gegend sprechen, die sich durch flache Sachlichkeit auszeichnet, deren Bevölkerung angeblich besonders als gute Kaufleute und Seefahrer bekannt wurden: Ausgerechnet in den Niederlanden liegt der Golfball begraben. Das kann man sogar wörtlich nehmen, denn bei Ausschachtungsarbeiten in Amsterdam wurden die guterhaltenen Fragmente vieler Utensilien zutage gefördert, die man zu diesem Spiel benötigt. Und ausgerechnet hier, wo man so wenig Romantik vermutet, gab es vorher zumindest zwei Spiele, deren Name zu ähnlich ist, um einfach vom Tisch gefegt zu werden: Colf und Kolf. Von hier bis zum Golf ist es nun wirklich nicht weit.

Die drei so ähnlichen Begriffe lassen sich sogar einigermaßen genau in ihre Epochen packen. Zwischen 1300 und 1700 spielte man in den niederländischen Provinzen ein Spiel, welches sich Colf nannte; man trieb den Ball manchmal über mehrere Kilometer bis an ein Loch, eine geschmückte Fahne oder auch nur durch eine Haustür. Man tat das mit Holz- oder Lederbällen; wie es heißt, gingen viele Fensterscheiben entzwei, und harmlose Passanten erlitten Verletzungen. Man hätte diesen gefährlichen Blödsinn ja nun verbieten können, aber weil die Oberen wahrscheinlich ebenfalls ganz gerne Colf spielten, verlegte man die Spielbahnen vor die Städte und Dörfer. Ungefähr ab 1700 spielte man in Holland Kolf; die Anlagen dazu entstanden oft in Wirtshausgärten und wurden bald überdacht. Wahrscheinlich werden eher die Verfechter des Minigolfs hier einen Vorfahren entdecken. Erst zu Beginn des sechzehnten Jahrhunderts (St. Andrews = 1553) spielte man Golf in Schottland. Aus dieser Zeit ist belegt, daß schottische Holzschläger nach Holland exportiert wurden, während holländische Bälle den umgekehrten Weg nahmen. Die Heringsschwärme waren damals noch so reichlich, daß es keiner Fischereigesetze bedurfte, und die gegenseitigen Besuche waren wohl auch gar nicht so selten. Zu einer Zeit, als man in Mitteleuropa genug mit dem Dreißigjährigen Krieg und seinen Folgen zu tun hatte, heiratete eine gewisse Maria, Tochter des englischen Königshauses, einen gewissen Wilhelm, Prinzen von Oranien und Statthalter der Niederlande. Es war zwar ein bißchen komplizierter, als es hier dargestellt wird, aber in der Folge hatten sie in Schottland und den Niederlanden dreizehn Jahre lang den gleichen Herrscher. Übrigens führen Holland und Schottland heute noch den roten Löwen auf goldenem Feld im Wappen.

Uff – soweit die Historie.

Die Geschichten, die die trockenen Zahlen verständlicher machen, können reichlich nachgeliefert werden. Beispielsweise jene aus dem Ort Loenen in der Provinz Nordholland, wo man fünfhundertvierunddreißig Jahre lang – von 1297 bis 1831 – jeweils zu Weihnachten über vier Löcher spielte, und zwar einen Kurs, der runde viereinhalb Kilometer lang war. Ursprung dieses festlichen Ereignisses war ein ganz normaler Totschlag an einem Grafen von

Holland und Seeland, begangen von einem Lord von Kronenburg. Als letzterer, der sich in seinem Schloß verkrochen hatte, sich schließlich wegen schlichtem Kohldampf ergeben mußte, brachte man ihn seinerseits um. Man flocht ihn auf ein Rad. Die Freude über diese herrliche Gerechtigkeit muß ungeheuer gewesen sein, auf jeden Fall war sie so groß, daß man sie zum Anlaß dieses Colfspiels von Loenen nahm. Es spielten zwei Mannschaften zu je vier Personen. Der Kurs begann vor dem Gericht von Loenen, und das erste Loch war die Küchentür von Kronenburg. Wer mag, kann das heute noch abwandern.

Dann gab es auch noch den Herzog Albrecht, der als Regent von Holland 1390 der Stadt Haarlem das stiftete, was man heute wohl einen öffentlichen Golfplatz nennen würde. Gut ein Jahrhundert später – 1497 – entstand ein Dokument, in welchem für dieses Gelände die Rechte des Grasmähens an die Kirche vergeben wurden. Das ist wohl der älteste Hinweis darauf, daß man endlich begriffen hatte, um wieviel besser man auf einem gemähten Fairway spielt. Die Landschaft sonst konnte man ja wohl als Rough bezeichnen.

Aus dieser simplen Tatsache heraus erklären sich auch die vielen alten Stiche und Gemälde, auf denen dieses Spiel sehr oft zur Winterzeit und auf Eis abgebildet ist: Colf galt als Spiel für die kalte Jahreszeit, aus dem einleuchtenden Grunde, weil man auf abgeernteten Feldern oder im laublosen Gebüsch nicht so viele Bälle verlor; außerdem hatte man im Winter mehr Zeit, weil ja auch die Kriege stillgelegt waren. Das ist auch die Erklärung dafür, daß während der achtzigjährigen Auseinandersetzung mit den Spaniern im sechzehnten Jahrhundert hauptsächlich Kinder beim Colfspiel gemalt wurden: Erwachsene Männer konnten sich in solchen Zeiten der Not ja schlecht bei der Ausübung eines doch recht infantilen Zeitvertreibs der Nachwelt erhalten. Was müssen die froh gewesen sein, als der heute noch als Held besungene Piet Hein die spanische Silberflotte in den Grund bohrte und die ›Watergeusen‹ den Herzog Alba zum Teufel schickten! Obgleich sich die überfluteten Wiesen nachher sicherlich lange nicht zum Spiel eigneten.

Zuallerletzt doch noch etwas zur Erhaltung der schottischen Legende: Wenn sie das Spiel schon nicht erfunden haben, so erhielten sie es wenigstens am Leben. Es war nämlich so, daß die Colf-oder Kolfleidenschaft der Niederländer um das Jahr 1700 herum plötzlich erstarb. Und das, obgleich aus dem achtzehnten Jahrhundert nicht einmal Verbote überliefert sind. Ein Mirakel: Colf/Kolf verschwand innerhalb eines kurzen Zeitraums so wie es die Pest tat, die Heuschrecken oder was es sonst noch an Landplagen gab. Da die Historiker keine passende Erklärung fanden, versuchten sich die Soziologen daran: Die Menschen hätten sich mehr zu der vornehmen Blässe hingezogen gefühlt, die man in geschlossenen Räumen leichter erhält, sie hätten keine Lust mehr gehabt, sich bei Wind und Wetter dreckverkrustet über die Plätze zu strapazieren, sie trugen Kleidung vom Feinsten, die derartige Exkursionen auch kaum ausgehalten hätte. Da eine einleuchtendere Erklärung nicht zur Hand ist, können wir das unwidersprochen hinnehmen.

Bis zu den Schotten im Norden sprachen sich diese Anzeichen der Dekadenz aber wohl nicht herum; sie spielten bei Wind und Wetter weiter Golf. Der hübsche Spruch, nach dem der liebe Gott dort oben an der Zipfelmütze der Britischen Insel zuerst einen Golfplatz einrichtete und erst später die entsprechenden Ortschaften hinpflanzte, ist aber wohl erst viel später entstanden. Die Wahrheit ist, daß das Spiel so furchtbar populär dort nun auch wieder nicht war; an die Westküste Schottlands kam es gar erst in der Mitte des neunzehnten Jahrhunderts. An der Ostküste waren es nie mehr als ein paar Hundert Gentlemen, die sich damit befaßten; sie saßen in ihren Gilden in St.Andrews oder Edinburgh und standen allesamt in dem Ruf Freimaurer zu sein, die vor dem Dinner eine appetitmachende Runde spielten.

Richtig los ging es dann erst ab dem epochalen Jahr 1848: Da hatte man den ›Guttapercha‹-Ball erfunden, der endlich einmal so flog, wie man sich das vorstellte. Oder auch nicht.

Aus diesem ›Oder-auch-Nicht‹ resultiert die Tatsache, daß sich heute über hundert Millionen Menschen verzweifelt bemühen, ein besseres Handicap zu erreichen. Noch ein Ratschlag: Erzählen Sie in St.Andrews niemals, daß die Ursprünge des Spiels in Holland liegen. Man wird Sie zunächst mit Golfbällen erschießen und anschließend im Bunker begraben. Genug davon gibt es ja.

Die einzig wirkliche Golf-Historie

Da sich alle Welt darum streitet, ob das Golfspiel hinter den Deichen der Niederlande oder in den Dünen Schottlands erfunden wurde, ist es uns nun endlich gelungen, Licht in dieses Dunkel zu bringen. Nach fast dreißigjährigen Untersuchungen in den U-Bahn-schächten von Amsterdam und Edinburgh, wo – wie man weiß – heutzutage die einzig interessierenden archäologischen Funde gemacht werden, gehen wir nun mit dem Ergebnis unserer Forschungen an die Öffentlichkeit. Was bedeutet: nichts stimmt!

Golf wurde in Wirklichkeit vor fünftausend Jahren zum ersten Mal an einem bayerischen Binnenmeer gespielt, ungefähr in der Gegend von Feldafing. Dort war ursprünglich ein Spiel der Europa-liga im Fußball angesetzt, wobei sich die Mannschaften der Alpen (die sich hauptsächlich aus den Mitgliedern des diebischen aber reinlichen Bergvolkes der Kelten rekrutierte) und aus der Tiefebene kurz vor der Mündung der Elbe (fast alles wilde und marodierende Seeräuber mit einem Trainer namens Klaus Störtebecker, der bezeichnenderweise später geköpft wurde) gegenüberstanden. Das Spiel wogte lange Zeit hin und her, bis einer aus dem Team der baju-warischen Kelten – ein anmaßender Klugscheißer, der sich selbst gekrönt hatte und seither unter dem Künstlernamen Kaiser Ulrich I. auftrat – den Ball auf einen Maulwurfshügel legte, einen ordentli-chen Ast vom Baum riß und damit das runde Leder in das Gehäuse der Hanseaten jagte. Der Torhüter jener Störtebecker-Bande – ein sich gediegen gebender Yuppie namens Falkenstein, der sein schäbi-ges Einkommen aus der Vermietung einiger Hütten an der Hafen-straße bezog – streckte sich vergebens.

Dieses, und nichts anderes, war die Geburtsstunde des Golfspiels vor fünftausend Jahren. Daran ändert auch nichts die Behauptung, daß um die gleiche Zeit in einem Tal in der Nähe des Rheinstroms und unweit des Düssel-Flusses ein Neandertaler beim Hüten seiner Mammuthherde einer ähnlichen Beschäftigung nachging. Ein Sport ist erst ein Sport, wenn auch ein Wettkampf stattfindet, und nicht, wenn einer aus Hubbelrath sich beim Mammuthüten die Zeit mit einem sinnlosen Spiel vertreibt.

Aus jenem Fußballspiel entwickelte sich das erste Golfspiel und erhielt alsbald weltweite Bedeutung, was sich schon allein daraus erkennen läßt, daß die archäologischen Funde an Video-Kassetten sehr gut erhalten sind und weitere Aufschlüsse über die Entwicklung des Spiels geben. So ist ohne jeden Zweifel aus diesen elektromagnetischen Aufzeichnungen zu entnehmen, daß es wahrscheinlich die Golfspieler waren, denen wir das Aussterben der Dinosaurier zu verdanken haben. Der Platzregel eines Clubs aus dem erweiterten Neckartal in jenen Jahren entnehmen wir den Hinweis, daß die Spieler im Sinne des Naturschutzes angehalten waren, alle Dinosaurier vor dem Schlag beiseite zu räumen und sie während der Paarungszeit über die Straße zu tragen, damit sie wegen des bereits seinerzeit starken Verkehrs nicht unter die Räder kamen. Es ist anzunehmen, daß die Golfspieler dieses in der Hitze ihrer Gefechte unterließen – ein unverzeihliches Vergehen gegen alle Etikette, welches sich bis auf den heutigen Tag auswirkt, wie jedermann am Fehlen dieser niedlichen Tiere auf unseren Fairways erkennen kann.

Einen kritischen Punkt in der Entwicklung des Golfspiels gab es mit dem Eintreten in die Eiszeit. Zuerst war es noch so, daß niemand etwas gegen die kühlere Witterung hatte, weil Clubhäuser – wie man weiß – durchaus auch ohne Golfplatz funktionieren können. Vor allem die Kühlung von Erfrischungsgetränken oder die Herstellung von Eiswürfeln klappte tadellos, was ja oft bereits die Qualität eines Clubhauses ausmacht. Als aber nicht nur Grüns und Fairways, sondern auch die erwähnten Clubhäuser unter zwanzig Meter dicken Eisplatten versanken, was den Heimweg ungemein erschwerte, starben auch langsam die letzten Golffreunde weg, was vor allem der Clubhauswirt bedauerte. Das Spiel überlebte lediglich in Florida und Hawaii, wohin es durch die bereits erwähnte Störtebecker-Bande gebracht worden war. (Man muß diesem räuberischen Haufen diese kulturelle Tat zuerkennen, obgleich es vielen Menschen sicherlich nicht leichtfällt.) Allerdings bemerkten die Spieler in Hawaii und Florida ebenfalls während der Eiszeit, daß ihre Grüns etwas langsamer geworden waren: zweifelsohne ein Zeichen der durch die Eisbrocken gesteigerten Bodenfeuchtigkeit.

Als die Eisschicht abgetaut war, zogen die Golfspieler wieder in diese Gefilde, räumten die Felsen von den Fairways, fegten die Mammutskelette von den Grüns und setzten ihr unterbrochenes Turnier fort. Sehr bald erkannten sie, daß es ohne Open nicht geht. Beim ersten Male meldete sich nur ein Spieler namens Ballesteros, aber er schaffte den Cut nicht, so daß das Wettspiel einen etwas unbefriedigenden Verlauf nahm. Vor allem die Fernsehanstalten hielten es für unter ihrer Würde, diese Veranstaltung zu übertragen – die überlieferten Video-Kassetten zeigen allerdings ein zwar menschenleeres, aber sehr interessantes Kurs-Design. Ballesteros selbst war es egal, da er für die halbe Arbeit das gesamte Preisgeld plus Appearance-Money erhielt.

Es muß um diese Zeit gewesen sein, als niederländische Heringshändler ihre behäbigen Boote bis hinauf nach Schottland steuerten, wo sie mit sehr viel Freude empfangen wurden, weil man hier auf Gebirgen von Heringen saß, die man wegen der schlechten Preise auf dem Europäischen Markt nicht loswurde. Die Niederländer beschenkten die Schotten mit holzgeschnitzten Schlägern und steinernen Bällen und erhielten dafür sehr viele Heringe. Dieser Handel besaß lediglich den Nachteil, daß die Schotten nicht mehr zum Heringsfang aufs Meer hinausfuhren, sondern überall auf dem Festland kleine Löcher in die Erde bohrten, in die sie die Bälle mittels jener Schläger schlugen. Das hatte zwei Folgen: Erstens glaubte man den Schotten nicht, daß sie keine Heringe mehr hatten, was ihnen den Ruf eines krankhaften Geizes eintrug – zu unrecht wie wir wissen, denn es hing allein mit ihrer Golfsucht zusammen. Und zweitens entstand das Gerücht, daß die Schotten das Spiel erfunden haben – ebenfalls zu unrecht, wie wir wissen. Man muß ihnen allerdings zugestehen, daß sie es verstanden, aus den abgelegten Kaugummis der fremden Seeleute durch komplizierte chemische Verfahren einen spielbaren Ball herzustellen, den sie übrigens vor dem Hartwerden eifrig kauten, woraus sich die Dimple ergaben. Da man wegen der Golfsucht auch nicht mehr daran dachte, weiterhin Schiffe zu bauen, machten die Werften reihenweise pleite, was wiederum dazu führte, daß die Arbeitslosigkeit unter den Schmieden ganz besonders hoch war. Aus dieser Tatsache heraus entstand in

Schottland ein Gewerbe, das es vorher nicht gab – man schmiedete Golfschläger, oder zumindest die Köpfe davon.

Im Rahmen der Christianisierung der britischen Insel kam auch der friedfertige Mönch Andreas aus Castrop-Rauxel nach Schottland, wo er sich bemühte, die Sprache zu erlernen und den Namen Andrew annahm. Die Schotten, die allgemein als ein sehr friedfertiges Volk gelten, konnten es allerdings auf den Tod nicht ausstehen, daß dieser Andrew alias Andreas ausgerechnet beim Putt seiner Mitspieler immer einen lauten christlichen Gesang intonierte oder bei der Ballansprache vor dem Drive mit dem Klingelbeutel hantierte und – nachdem man ihm eine längere Platzsperre verordnet hatte – am Sonntagmorgen ein störendes Geräusch mit einer gewaltigen, weithin hörbaren Glocke verursachte. Es war an einem Donnerstagnachmittag, bei einem an und für sich ganz normalen Vierer, als er erschlagen wurde. Es geschah auf dem sechsten Grün, aber es war leider nicht herauszufinden, welche Schläger bei diesem Mord Verwendung fanden. Der Richter, von dem seltsamerweise bekannt ist, daß seine linke Hand wunderbar bleich zu der tief gebräunten rechten Hand kontrastierte, sprach bei seinem Urteil eine strenge Ermahnung zur Einhaltung der Etikette aus und setzte zur Strafe das Handicap der Täter um ein halbes Dutzend Schläge hinauf. Jener Mönch wurde übrigens später heilig gesprochen. Man muß den Schotten zugutehalten, daß das schlechte Gewissen über die ruchlose, wenn auch verständliche Tat schließlich überhand nahm – sie gaben dem Ort der Meuchelei den Namen St. Andrews.

Wer dieser völlig neuen Darstellung der Golf-Historie bis hierher gefolgt ist, wird zugeben müssen, daß es allerhöchste Zeit war, diese sensationellen Erkenntnisse einer weiten Öffentlichkeit zugänglich zu machen. Die einzig wirkliche Golfgeschichte ist hiermit festgehalten.

Über Wetter

Golf ist keine Frage des Wetters, sondern eine Frage der Ausrüstung. Dieser Satz, der so dasteht wie ein Elefant im Bunker, ist vor allem ein Argument der Hersteller von wasserdichten Schuhen, wasserdichten Überhosen, wasserdichten Jacken sowie der gleichen Kollektion in kälteabstoßender Thermokleidung.

Sicherlich hat Golf bei strömendem Regen im Sommer oder schlackigem Schneetreiben im Frühwinter seine Reize. Da es heißt, diese sauerstoffreiche Feuchtigkeit sei besonders gut für den Teint, sollte man Ausreden, die den Schnupfen oder die Grippe zum Inhalt haben, gar nicht erst aufkommen lassen. Das Erlebnis in der freien und wilden Natur wiegt solche Kleinigkeiten bei weitem auf. Erst wenn man es versteht, einen geraden Ball zu schlagen, während in den Schuhen zähe Feuchtigkeit schwappt, in den Hals ein stilles Rinnsal läuft, welches sich, nur leicht erwärmt, über die Schultern bis zum Hosenbund fortsetzt, wo es von der Unterwäsche aufgesogen wird, erst wenn man aus einem temporären Wasser mit blaugefrorenen Fingern einen Drive bis aufs Grün praktiziert hat, erst wenn man die Benutzung eines Taschentuchs längst aufgegeben hat und die Reinigung der Nase dem Daumen überläßt – erst dann weiß man, wie schön Golf sein kann.

Natürlich erlaubt die Regel die Benutzung eines Regenschirms – angeblich nur nicht auf dem Grün, wo man ihn am besten gebrauchen könnte Die entsprechende Industrie hat sich da zauberhafte Konstruktionen einfallen lassen, die geräumig genug sind, einen kompletten Gemüsestand auf dem Wochenmarkt zu schützen. Das nutzt einem nur wenig, wenn man alleine unterwegs ist oder auch zu zweit. Im ersten Fall muß man dann, wenn es darauf ankommt, den Schirm ja beiseite legen, da es der liebe Gott versäumte, wenigstens die Golfspieler mit einem dritten Arm zum Schirmtragen auszurüsten. Im zweiten Fall ist es für den Mitspieler kaum zumutbar, die langen Wege des anderen mitzuwandern, wo er doch schon mit seinen eigenen genug zu laufen hat. Leider ist es so, daß wettergegerbte Caddies nur in Geschichten aus dem Schottischen Hochland vorkommen, in denen sie meistens als wortkarge und geldgierige

Halunken dargestellt werden. Wer hat hierzulande schon einmal einen Caddie erlebt? Noch dazu einen, der mit einem geht, wenn es Katzen und Hunde regnet.

Zur Intensität des Golfgefühls bei solchem Wetter trägt es weiterhin bei, daß es dabei ähnlich zugeht wie bei Schlammringkämpfen der Damen in gewissen Etablissements, die von gut erzogenen Spielern selbstverständlich nie besucht werden. Diese Ähnlichkeit bezieht sich natürlich nicht auf die erogene Komponente des Schlammringkampfs (die es, obgleich schwer vorstellbar, tatsächlich geben soll); nichts ist so unerogen wie Golf im Regen. Sie bezieht sich vielmehr ausschließlich auf den Dreck. Dieser sammelt sich zunächst unter den Fingernägeln, breitet sich dann über die Hand aus und kriecht schließlich, in leicht verflüssigter Form, die Ärmel hinauf. Das gilt besonders für Spieler, denen das Verharren nach dem Ausschwung ein ästhetisches Anliegen ist, von dem sie auch bei diesem Sauwetter nicht Abstand nehmen wollen. Die Schlammkruste im Gesicht indessen resultiert vor allem aus Schlägen in schwierigen Lagen mit den Eisen 3 bis 9, während Hölzer rein spritzmäßig nicht so ergiebig sind. Man sollte hier vor allem die Eisen 7 bis 9 erwähnen und dazu auch noch das Wedge, die aufgrund ihrer Konstruktion die Partikel von Mutter Erde recht steil aufsteigen lassen – direkt in das Gesicht des Spielers, dessen Augen selbst bei diesen Verhältnissen logischerweise starr auf den Ball gerichtet sind. Beruhigend zu wissen ist es, daß der Regen, sofern er von vorne kommt, diesen guten Humus wieder abwäscht. Diese etwas suppige Sauerei läuft dann über den Hals dorthin, wo die bereits weiter oben erwähnte Flüssigkeit versickert war. Man sollte noch darauf hinweisen, daß Brillenträger hier ein weiteres Handicap in Kauf nehmen müssen.

Zum extremen Golf ist auch das Spiel in schneearmen Wintern zu zählen. Das Spiel im Schnee selbst hat zwar seine Reize, weil die Vorführung teurer Pelze sonst kaum irgendwo im Zusammenhang mit sportlicher Betätigung möglich ist, es ist andererseits sehr hinderlich, wenn Bälle immer wieder unter dem Schnee verschwinden, wo man sie trotz leuchtend roter Farbe erst bei Tauwetter wiederfindet.

In schneearmen Wintern aber lassen sich schöne Resultate erzielen, vor allem wenn der Boden steinhart gefroren ist. Selbst ein schlechter Abschlag vermag da den Ball zu überraschenden Weiten zu treiben, da er nirgendwo durch weiche Konsistenzen gebremst wird. Manche Menschen, denen man eine gewisse Kleinlichkeit unterstellen darf, klagen allerdings über dieses endlose Hin- und Hergehoppel, welches der Ball bei solcher Wetterlage vollführt, sie vergessen darüber nur, daß sie ohne diesen Betonboden nicht einmal halb so weit gekommen wären.

Zum sogenannten Wintergolf auf dem heimischen Platz gehört neben der Polarausrüstung an Kleidung, die selbstverständlich die Frostbeulen an den Händen keineswegs ausschließt, ein ordentlicher Handbohrer sowie ein reicher Vorrat an Tees. Den Bohrer benutzt der gut vorbereitete Spieler dazu, beim Abschlag ein Loch in die Erde zu bohren, in welches er dann sein Tee pflanzt. Es spielt übrigens keine Rolle, ob man hier Tees aus Plastik oder aus Holz benutzt – beide gehen beim Abschlag kaputt. Die hölzernen knicken wie Streichhölzer, jene aus Plastik zerspringen bei Temperaturen unter Null wie Glas.

Das Loch, welches beim Wintergolf genauso wie im Sommer angestrebt wird, befindet sich auf dem Wintergrün. Das Wintergrün hat mit dem Grün nicht einmal den Namen gemeinsam; es handelt sich hier um ein Stück Fairway, welches der Greenkeeper oder sein Lehrling etwas kürzer gemäht haben. Vom übrigen Fairway unterscheidet sich das Wintergrün außerdem dadurch, daß es so zertreten ist wie der Torraum eines Fußballfeldes und sehr gerne von Maulwürfen heimgesucht wird. Nur ausgesprochene Ehrgeizlinge halten das Einlochen auf dem Wintergrün für erstrebenswert, da selbst das Loch fransig und ausgetreten ist, als ob es zur nächtlichen Stunde den Kaninchen als Unterschlupf diente. Man spielt sich vielmehr auf Schlägerlänge heran und schenkt sich den letzten. Durch die Vermeidung des letzten Putts, der mit Sicherheit nicht der letzte gewesen wäre, kommen manchmal sehr erstaunliche Ergebnisse zustande. Es ist anzunehmen, daß hier der eigentliche Grund für die Berechtigung des Wintergolfs liegt.

Ansonsten ist dem eingangs erwähnten Satz nichts hinzuzufügen: Golf ist keine Frage des Wetters.

Über den Driver

Kasimir Kaludrigkeit (er heißt tatsächlich so) steht in dem Ruf, ein nicht besonders solides Leben zu führen. Einige Menschen mit überaus hochentwickelter sittlicher Erwartungshaltung führen das auf den Umstand zurück, daß Kasi (wie wir ihn meistens nennen) in seinem ereignisreichen Leben bisher insgesamt vier Ehen hinter sich brachte. Sie weisen vor allem darauf hin, daß es ihm gelang, jedesmal eine Gemahlin zu finden, die über ein siebenstelliges Vermögen verfügte, welches er innerhalb weniger Jahre unter die Leute brachte. Bei uns im Club allerdings beanstandet das niemand, was vielleicht daran liegt, daß die sittliche Erwartungshaltung nicht ganz so hoch angesiedelt ist. Trotzdem gibt es weit verbreitete Zweifel an der Solidität von Kasimir Kaludrigkeit. Er hat nämlich während der gleichen Zeit sechs Driver verbraucht, was kein finanzielles Problem, sondern ein charakterliches ist. Gattinnen kann man zur Not wechseln – aber niemals den Driver.

Wobei man zugeben muß, daß zumindest in einem Fall auch für Kaludrigkeit mildernde Umstände vorgebracht werden müssen. Das war, als er seine zweite (oder dritte) Frau eines Tages leichtsinnigerweise mit auf den Platz nahm, um ihr seine Künste vorzuführen. Am neunten Abschlag (es war weit und breit niemand zu sehen) geschah das, was sehr oft geschieht, wenn Gemahlinnen nur einmal so mitgehen wollen, um herauszufinden, was ihr Bettgenosse da so treibt: Sie fragte, ob sie es denn nicht wenigstens einmal probieren dürfe. Es ist nicht überliefert, ob Kasi Kaludrigkeit seine Zustimmung aus herzlicher Liebe gab, oder ob er es eingedenk der siebenstelligen Realitäten tat. Auf jeden Fall ging er mit ihr ans Damen-Tee, steckte einen immerhin noch brauchbaren Ball auf und erteilte ihr einen wenige Minuten während Blitzkursus mit seinem geliebten Driver, wobei es relativ unwesentlich in diesem Zusammenhang ist, daß er sich dabei eng hinter sie stellte, um ihr die Arme ordentlich zu führen – eine Position, die einem entfernten Betrachter mit Sicherheit Entrüstung sittlicher Art abgenötigt hätte.

Dann meinte Kaludrigkeit zu seiner damaligen Liebsten, sie solle den Ball ansprechen – den Ball, den Ball und nichts als den

Ball. Sie tat, wie ihr geheißen. Aber entweder war der Ball nicht ansprechbar, oder sie fand nicht die richtigen Worte: Auf jeden Fall hieb sie den Driver mit der Vehemenz der Hacke eines Bahndammarbeiters in den Boden. Es mag ein ungünstiger Umstand gewesen sein, daß ausgerechnet an dieser Stelle ein handlicher Kiesel der Aufmerksamkeit des Greenkeepers entgangen war, auf jeden Fall hatte die damalige Frau Kaludrigkeit den Schaft des besten Exemplars aus der Schlägersammlung ihres Gatten in der Hand, während das knubbelige Hauptstück des Drivers etwa vierzig Meter weiter zu liegen kam; übrigens mitten auf dem Fairway und unweit des Balles. Die Clublegende weiß zu berichten, daß die damalige Dame Kaludrigkeit ihrer Überraschung durch einen nervös-gickernden Kicherer Ausdruck verlieh, während Kasi zunächst nur steif und starr dastand; man sagt, es habe nie in der Clubgeschichte so viel fassungsloses Entsetzen auf einem einzigen Gesicht gegeben.

Dann habe Kasimir Kaludrigkeit einen Schrei ausgestoßen, der nicht nur Wut, sondern auch einen Schmerz ausdrückte, wie man ihn angeblich nur von Elefantenkühen her kennt, denen das Kind gestorben ist. Nach diesem Ausbruch intensiver Trauer soll Kasi seiner Gemahlin den Schaft entwunden und drohend wie einen Stock gegen sie erhoben haben. Sie stoppte abrupt ihr nervöses Gekicher und trat eine zunächst langsame Flucht an, deren Tempo sich jedoch erhöhte, nachdem er vierzig Meter weiter das knubbelige Rumpfstück des Drivers aufgesammelt hatte und sich nun, den Knubbel links, den Schaft rechts in der Hand, über die Endgültigkeit des zerstörten Drivers richtig klar wurde. Es gibt kaum seriöse Zeugen über den Vorgang, aber es wird behauptet, daß Kasimir Kaludrigkeit seine Gemahlin unter Hintanstellung der siebenstelligen Tatsachen mit dem fürchterlich geschwungenen Schaft in der Faust über den halben Platz jagte. Beide achteten nicht auf die warnenden ›Fore‹-Rufe mehrerer Spieler, woran man wieder einmal sehen kann, daß blinde Wut und tödliche Angst gleichermaßen jegliche Überlegung auszuschalten vermögen. Kasi Kaludrigkeit soll schließlich offensichtlich die Absicht gehabt haben, ihr den Weg abzuschneiden, wobei er die Breite des Baches unterschätzte, der sich forellenführend durch die Bahn des zweiten Fairways schlängelt – eine Tatsache übrigens, unter der er auch bei ganz ruhigen Platzrunden litt und die ihn schon viele Bälle gekostet hatte. Nachdem er aus dem Wasser heraus und die moorige Uferböschung heraufgekrabbelt war, hatte sich Frau Kaludrigkeit bereits im Clubhaus in Sicherheit gebracht. Kasimir K. indessen spürte an diesem kalten Vorfrühlingstag die Segnungen kalten Wassers, die seit der Entdeckung durch Pfarrer Kneipp in Wörishofen (inzwischen zum Bad erhoben) ja allgemein bekannt sind. Er fror und gab die Verfolgung auf…

Jedermann wird zugeben müssen, daß es sich hier um einen sehr tragischen Verlust für Kasi Kaludrigkeit gehandelt hat. Seine momentane Erregung ist also verständlich. Über den Verlust der Gemahlin (man sagt, sie habe sich aus einem Klofenster des Clubhauses nach Einbruch der Dunkelheit davongeschlichen und sei nie wieder gesehen worden) kam er relativ schnell hinweg, den Driver aber verschmerzte er Jahre hindurch nicht. Natürlich ließ er das treue Stück zunächst reparieren, aber das einst so innige Verhältnis mochte sich nicht mehr einstellen. Kaludrigkeit litt unter einem abnormen Slice, der ihm früher mit diesem Schläger nie unterlaufen war. Es gab wohl keine Vertrauensbasis mehr zwischen ihm und dem Driver. Er trennte sich schließlich von ihm – das heißt, er schenkte ihn einem Jungen, der damit mit geringem Erfolg operierte. Kasi schaute ihm manchmal bei seinen Bemühungen aus der Ferne zu. Es war der Blick, den man hin und wieder bei erwachsenen Herren beobachten kann, die eine verflossene Liebe wehmütig von weitem beobachten.

In der Folgezeit entstand der Ruf des Kasimir Kaludrigkeit, ein nicht besonders solides Leben zu führen. Das hatte nichts mit einigen Damenbekanntschaften zu tun, die er eher gelangweilt zur Schau stellte, sondern mit der Tatsache, daß er innerhalb eines Jahres mindestens dreimal den Driver wechselte. Über dieser Unstetigkeit des Charakters verblaßte die Tatsache seiner dritten (oder vierten) Ehe, von der höchstens zu bemerken gewesen wäre, daß er die Dame nie mit auf eine Platzrunde nahm. Kasi fand im Proshop zunächst ein mindestens zehn Jahre altes Gerät, mit dem er sich einige Wochen lang herumquälte. Dann sah er im Schaufenster eines Ausstattungsgeschäftes einen Driver aus einem Kunststoff, welcher sein Entstehen der Weltraumfahrt zu verdanken hatte – so wie manche Bratpfannen oder Kugelschreiber. Er kaufte ihn sofort und zahlte dafür einen vierstelligen Betrag, was ihm bei der siebenstelligen Mitgift der neuen Frau Kaludrigkeit nicht weiter schwer fiel. Zwei oder drei Tage schien er damit glücklich zu sein und erzählte jedem, daß er endlich wieder so schlagen könne, wie es früher einmal der Fall war. Aber es war wohl doch nicht die innere Bindung da, sondern nur ein Strohfeuer der Sympathie, wie es durchaus entstehen kann, wenn man nur genügend dafür bezahlt. Wenige Wochen später wurde Kaludrigkeit mit einem Eisenholz gesehen. Das war ungefähr um die Zeit, als er seine bisher letzte Gemahlin in den Club einführte – ein sehr elegant aussehendes Wesen von durchsichtiger Blässe, einem Handicap vierzehn und eigenem Schlägerbesteck. Während sie allerdings ihre Runden mit der Präzision schweizerischer Chronometer ohne Höhe- und Tiefpunkte herunterspielte, bemühte er sich um Konstanz mit seinem Metalldriver, der eher wie die Heckpartie eines Düsenjets wirkte und nichts von der gediegenen Eleganz einer Kapitänskajüte in Mahagoni besaß, die ein ordentliches Holz 1 auszeichnen sollte.

Im Club glaubte man bereits, Kaludrigkeit habe sich mit dieser modernen Zweckehe (mit dem Driver – nicht mit der Blassen) abgefunden, als er eines Tages doch wieder mit einem richtigen Holz spielte. Es ist schade, aber ein Ende dieser Flatterhaftigkeit ist für Kasimir Kaludrigkeit kaum abzusehen. Für diese Geschichte ist es zwar ohne Belang, aber man redet davon, daß die blasse Elegante mit dem respektablen Handicap sich von ihm trennen wird, weil sie es ablehnt, mit einem Menschen zusammenzuleben, der alle naselang seinen Driver wechselt. Im Grunde genommen ist das sicherlich verständlich, obgleich man doch darauf hinweisen sollte, daß diese verhängnisvolle Entwicklung einst durch die Ungeschicklichkeit einer ihrer Vorgängerinnen eingeleitet wurde.

Man kann nicht sagen, daß Kasimir Kaludrigkeit unter seinem Ruf der Unsolidität besonders leidet. Kürzlich hieß es, er wolle sich schon wieder einen neuen Driver zulegen. Von der Anschaffung einer neuen Frau war nicht die Rede.

Über den Putt

Die Hälfte seiner Schläge vertut einer auf dem Grün beim Putten. Mindestens. In der Praxis unterscheidet man drei Typen puttender Menschen. Die ersten können es, kommen allerdings nur in Fernsehübertragungen von den Offenen Meisterschaften vor. Die zweiten haben sich längst damit abgefunden, daß sie es nie lernen, leben deswegen aber nicht unbedingt unglücklich. Die dritten kaufen sich alle vierzehn Tage einen neuen Putter, womit sie die entsprechende Industrie nicht unwesentlich beleben.

Es heißt, daß bei der amerikanischen Amateurmeisterschaft des Jahres 1895 ein Spieler mit einem Billard-Spielstock, auch Queue genannt, antrat, weil er die Meinung vertrat, man könne damit genauer putten. Leider hatte man ein Jahr zuvor den USA-Golfverband gegründet, der eiligst zu einer außerordentlichen Sitzung zusammentrat und dieses Gerät verbot. Schade: Es wäre ohne Zweifel ein schönes Bild, wenn die Spieler da herumliegen und das Loch anvisieren würden.

Der berühmte Bobby Jones bezeichnete seinen Putter als weibliches Wesen und gab ihm den Namen ›Calamity Jane‹ – Kalamitäten-Jenny. Angeblich hatte er das museumsreife Stück, dessen Schaft aus Hickoryholz zweimal angebrochen war, irgendwo gefunden und wurde damit nahezu unschlagbar. Es ist auffallend, daß auch viele andere Herren für ihren Putter Attribute finden, die meistens im Zusammenhang mit der holden Weiblichkeit benutzt werden: launisch, kapriziös, gefühlvoll, hübsch, treulos. Die Gründe für dieses Phänomen sind nicht schwer zu finden: Erfolglos puttende Männer müssen sich mit diesem Schläger weitaus öfter abgeben als mit allen anderen; daher entsteht ein Verhältnis, wie es Gatten zu ihren Gattinnen haben. Bemerkenswert ist übrigens in diesem Zusammenhang, daß Damen ihren Putter niemals mit einem Mann vergleichen.

Es gibt mindestens tausend Regeln und Richtlinien darüber, wie man richtig und erfolgreich puttet. Ganze Bücher handeln von nichts anderem als von diesem einen Schlag. Die einfachste Regel: »Stelle dir zwischen dem Ball und dem Loch eine Linie vor; und dann mußt du nur sehen, daß der Ball genau auf dieser Linie läuft!« Da es untersagt ist, diese Linie mit einer Handvoll Kalk oder etwas Sägemehl sichtbarer zu machen, ist der Rat so nützlich wie ein Regenschirm in der Wüste Kalahari.

Ähnlich wirkungsvolle Sätze hat bereits jeder von sich gegeben, der sich diesem Thema literarisch näherte:

»Glücklich sind jene Spieler, die sich beim Putt konzentrieren können, ohne dabei zu verkrampfen!«

»Wer ein guter Putter sein will, muß die Linie zwischen Loch und Ball von beiden Enden genau studieren!«

»Golfmatches werden immer beim Putten auf dem Grün entschieden!« (Das klingt so wie: Das Wichtige am Fußball sind die Tore.)

»Drive sind für die Show – Putten ist fürs Geld!« (Das ist wirklich einleuchtend.)

»Die Kunst des Puttens besteht darin, den Ball völlig zwanglos und genau in der Mitte des Schlägers zu treffen!«

Der Schotte Willie Park, der 1920 das Buch ›Die Kunst des Puttens‹ schrieb, sagt: »Selbstvertrauen ist das Wichtigste beim Putten. Man bekommt es nur durch immer wieder neues Üben!«

»Der Putter sollte so in der Hand liegen, daß man direkt auf den Ball hinabsieht!«

»Keine bösen Gefühle dem Mitspieler gegenüber! Die eigene Konzentration leidet, wenn man dem anderen selbst insgeheim einen plötzlichen Mumps an den Hals wünscht!«

Das Tröstlichste am Putten ist, den großen Meistern dabei zuzuschauen, wie sie es fertigbringen, den Ball aus fünfzig Zentimetern danebenzuschieben oder so, daß er einen Zentimeter vor dem Loch liegen bleibt. Wenn derartiges über den Bildschirm ins Wohn- oder Clubzimmer gestrahlt wurde, kann man sicher sein, daß in den folgenden Tagen auf jedem Grün im Lande von nichts anderem die Rede ist: »Wenn dem Langer das passiert, kann ich mir das doch wohl auch einmal leisten!« Das Schlimme ist, daß dem das nur einmal passiert, mir aber achtzehnmal.

Apropos: Früher war Langer viel tröstlicher, weil ihm das öfter passierte. Jetzt puttet er mit der rechten Hand oben, was ungefähr so ein Gefühl ist, als würde unsereiner mit einem Büchsenöffner für Linkshänder einer Dose zu Leibe rücken – völlig bescheuert. Aber ihm hat es ja wohl offensichtlich geholfen, und die Nachahmer kann man allenthalben beobachten.

Was mich anbetrifft, so spüre ich eine gewisse Verbindung zu dem berühmten Bobby Jones, indem ich meinen Putter eine ›schamlose Person‹ schimpfe. Vielleicht kaufe ich mir aber auch wieder einen neuen, weil man mit diesem Ding wirklich nicht putten kann.

Über Bunker

Als Bunker wird bezeichnet 1. das Kohlenlager auf dem Schiff; 2. ein Betonunterstand; 3. ein Sandloch beim Golf. Das entsprechende Verb heißt ›bunkern‹ – ›ich habe gebunkert‹, was bedeutet, daß man Kohle geladen hat.

Zum Teufel mit allen Bunkern.

Warum die alten Schotten immer am Strand und in den Dünen Golf gespielt haben, weiß der Kuckuck. Vielleicht waren's auch die Holländer, aber das ist eine andere Geschichte. Wenn die Schotten (oder auch die Holländer) nur ein paar Meilen landeinwärts gegangen wären, wo es keine Dünen gibt, würde es in diesem Spiel wahrscheinlich keine Bunker geben. Woran man wieder einmal sehen kann, von welchen Zufällen die Weltgeschichte oft abhängig ist. Ich könnte mir allerdings vorstellen, daß sadistische Golfplatzarchitekten im Laufe der Jahrhunderte trotzdem auf diese Fallen gekommen wären. Weil denen nämlich immer solche Sachen einfallen. Und dann hocken sie mit dem Fernglas auf der Clubhausterrasse oder im nächsten Gebüsch und lachen sich halbtot über solche Idioten wie mich.

Zum Teufel mit allen Bunkern.

Bei den alten Schotten (oder den alten Holländern) soll es so gewesen sein, daß da selbstverständlich Schafe auf dem Golfplatz herumliefen. Diese Schafe waren sehr nützlich. Nicht nur wegen ihrer Wolle und dem schrecklichen Hammelpie, womit nicht nur die alten, sondern auch die jungen Schotten das Schaffleisch versauen, welches man auch sehr schmackhaft zubereiten kann. (Da es in Holland kein Hammelpie gibt, neige ich doch zu der Ansicht, daß die alten Schotten das Spiel erfunden haben.) Die Nützlichkeit der Schafe bei den alten Schotten bestand vor allem in ihrer Alibifunktion: So konnten die alten Schotten daheim immer erzählen, sie hätten auf diese Viecher aufgepaßt, obgleich sie weiter nichts taten als Golf spielen.

Die Schafe spielten selbstverständlich nicht Golf, sondern taten das, was Schafe immer tun: sie fraßen, käuten wieder, schieden aus, blökten und verursachten kleine Schafe. Auf jeden Fall setzten sie sich nicht den harten Witterungsbedingungen in Schottland aus (lassen wir das mit den Holländern). Sie begaben sich vielmehr in den Windschatten der Dünen, wo sie im Laufe der Zeit das bißchen Strandhafer, das dort wächst, abtraten. Der Sand rieselte nach, die Schafe traten noch mehr ab, der Sand rieselte noch mehr nach, und schließlich befand sich da wirklich so etwas wie ein Unterstand. Es gibt Historiker, die ernsthaft behaupten, die Schafe hätten sich diesen Unterstand gegraben, was mir nicht einleuchtet. Nicht etwa weil Schafe doof sind – sie beweisen das Gegenteil, indem sie sich im Windschatten aufhalten, und nicht (wie die Golfspieler) im schlimmsten Wetter – sondern weil sie keine Höhlentiere sind. Es liegt nahe, daß auch Golfspieler diesen Schutz aufsuchten, wenn der Regen waagerecht herangepeitscht wurde und dieses Loch einen Bunker nannten. Wo die Schafe während der Zeit blieben, weiß ich nicht. Vielleicht hatten sie einen Ersatzbunker.

Der Teufel soll die Bunker holen.

Ein Bunker ist in meinem Sprachverständnis in erster Linie ein Gebäude, in dem man Schutz sucht. Ob man ihn wirklich findet, ist eine andere Sache. Es soll ja Menschen geben, die sich für den Eventualfall heutzutage in ihren Garten einen Bunker bauen lassen, in den sie sich dann begeben, wenn's soweit ist. Wenn der Eventualfall so eintritt, wie wir ihn täglich in der Zeitung lesen können, frage ich mich, was sie die nächsten tausend Jahre dort unten machen. Stinklangweilig muß das mit der Zeit werden. Der Bunker auf dem Golfplatz bietet überhaupt keinen Schutz gegen irgend etwas, sondern ist eine Falle, die von den Amerikanern auch so bezeichnet wird (›trap‹). Feiner ausgedrückt: ein künstliches Hindernis.

Zum Teufel mit allen Bunkern.

Dabei sind jene Bunker, wie man sie auf unserem Kurs vorfindet, nicht einmal so grausam. Das liegt einmal an der Geographie und dann an einer gewissen Sparsamkeit, die ich meinem verehrten Herrn Clubpräsidenten nicht vorwerfen mag, weil er sonst gleich kommt und eine Umlage für richtigen feinen Seesand verlangt. Der Sand in den Bunkern bei uns ist kein Sand, sondern Kies, und da der Platz in einem feuchten Moor liegt, ist der Kies meistens hart wie Beton. Nur wenn wochenlang die Sonne scheint, bekommen die Bunker bei uns den Charakter von Bunkern bei anderen. Aber es scheint nie wochenlang die Sonne. Dieser harte Sand oder Kies hat seine Vorteile, weil der Ball da meistens so oben draufliegt, daß man einen von den großkalibrigen Schlägern benutzen kann.

Das Moor verfügt allerdings über einen hervorragenden Niederwildbestand, wobei ich besonders die Karnickel erwähnen möchte, die sich so vermehren, wie es Karnickel eben tun. Zu den besonders beliebten Spielplätzen jedes Karnickels gehören die Bunker. Sie graben sich hier allerliebste Löcher, pflügen bei der Kopulation interessante Rinnen und denken gar nicht daran, die immer bereitliegende Harke zu benutzen, obgleich das ja wohl in der Etikette steht (das Harkenbenutzen – nicht das Kopulieren).

Zum Teufel mit allen Bunkern.

Meine Bälle kullern immer ins Kaninchenloch und bleiben nie auf dem Kies liegen. Das ist ein Schicksal, mit dem ich mich längst abgefunden habe. Im Gegensatz zu den Karnickeln nehme ich nachher immer die Harke und hinterlasse den Menschen hinter mir ein geradezu vorbildliches Gartenbeet. Es steht mir zwar nicht zu in meiner Eigenschaft als Eleve dieses Spiels, an Tausend Jahre alten Grundsätzen zu rütteln, aber ich halte die Harkerei für einen Blödsinn. Und zwar deshalb, weil einer, der in den Bunker gekommen ist, ja bestraft werden soll: Warum haut er den Ball ausgerechnet hierher, wo doch rundherum so viel Platz ist, wo sich keine Bunker befinden? Und seit ich einmal gesehen habe, wie dieser hübsche Kerl namens Bernhard Langer vorführte, wie man einen Ball, von dem man gerade noch ein weißes Tüpfelchen sah, ungefähr zwanzigmal hintereinander direkt neben die Fahne schlagen kann, bin ich davon überzeugt, daß manche dieser professionellen Helden sogar gerne aus dem Sand heraus spielen. Wo bleibt da die Strafe?

Zum Teufel mit allen Bunkern.

Glaubt denn jemand, diese Alibihirten im Schottischen Hochland hätten ihre Bunker jedesmal fein säuberlich geharkt? Warum auch? Kaum wären sie in den nächsten Pub gezogen, wo der Wirt gerade ein Fäßchen malziges Whiskys anzapfte, hätten die Schafe das doch alles wieder zertrampelt und ihre Küttel hinterlassen.

Ergo: Es würde dem ursprünglichen Sinn des Bunkers viel mehr entsprechen, wenn man ihn so läßt, wie er ist; ein Sandloch mit Karnickelhöhlen, Fußabdrücken, Rehfährten – habe ich schon die Fasane erwähnt, die sich im warmen Sand einbuddeln und kurz vor einem mit Flügelgeklapper hochgehen, daß man fast einen Herzschlag bekommt? Obgleich ich nie ein Freund von Hammelpie werde, teile ich hier die Auffassung der alten Schotten.

Der Teufel soll die Bunker holen.

Über den Birdie

Für unsereinen ist ein Birdie etwa so aktuell wie ein Lottogewinn: Er wird immer wieder angestrebt, obgleich man genau weiß, es wird sowieso nichts draus. Tom Kite soll einmal zehn Birdies in sechzehn Löchern gespielt haben – na und?! Wilma Aitken hat im Hamilton Club in der Nähe von Glasgow einmal neun Birdies hintereinander gespielt, was sogar als Weltrekord geführt wird – sie soll dran ersticken! Um einen Birdie braucht sich unsereiner nicht zu kümmern, weil er in der Praxis nicht vorkommt.

Folgendes ist also rein theoretisch: Die Engländer und sonstige Angelsachsen sagen ›bird‹ nicht nur zu einem Vogel, sondern auch zu einem Mädchen, zu einem tollen Kerl oder zu einem unglaublichen Glücksfall. ›A wise old bird‹ ist ein schlauer Bursche, und ›Fine feathers make fine birds‹ heißt ›Kleider machen Leute‹. Klar? Der Terminus ›birdie‹ wurde im Golf erst in den zwanziger Jahren populär, obgleich er angeblich im Jahr 1899 in Atlantic City geboren wurde.

Und darüber wiederum steht in den Annalen die Geschichte eines Menschen namens Abraham Smith verzeichnet: Er habe zusammen mit seinem Bruder William und einem Freund namens George Crump eine Runde gespielt für fünf Dollar das Loch. Am zweiten Loch sei es passiert. Da habe er, Abraham Smith, den Abschlag ziemlich verhauen, aber mit dem zweiten sei er aus dem Gebüsch und über den Bunker bis auf ein paar Zentimeter neben das Loch gekommen, bei dem es sich um ein Par vier handelte. Darauf setzte Abraham Smith – so steht es in der Geschichte – zu folgender Rede an: ›That was a bird of a shot – und ihr alten Halunken wollt mir dafür nur lumpige fünf Dollar geben! Ab sofort beschließen wir, daß jeder das Doppelte zahlen muß, wenn einer eins unter Par bleibt. Habt ihr gottverdammten Gauner das begriffen?!‹ Offensichtlich hatte man begriffen und nannte diesen Tatbestand fortan Birdie. Natürlich steht im gesamten Regelwerk dieses Spiels kein einziges Mal ein Birdie erwähnt, was man lobend erwähnen sollte: Glücksspiel unter freiem Himmel ist strafbar – nicht unter Hängen am Hals bis zum Tode.

Es liegt auf der Hand, daß man diesen komischen Vogel dann noch steigerte. Zwei unter Par nannten sie einen ›eagle‹ (Adler), drei unter Par einen Albatros. Wenn unsereiner sich vorstellt, daß jemand ein Fünferloch in zwei Schlägen schafft, so kann es sich dabei nur um ein Individuum handeln, welches über eine zweifelhafte Vergangenheit und eine ebensolche Zukunft verfügt. Der Kerl ist moralisch bedenklich, skrupellos, ein Glücksspieler eben, der seine Familie eines Tages in tiefste Not stürzen wird. Mit Golfspielen hat ein Albatros nicht das geringste zu tun.

Der Abgrund beginnt ja bereits mit dem Par: Wann wird denn ein Hacker und Platzklopfer wie unsereiner schon einmal Par spielen? Gesetzt den Fall, die Entwicklung des Autors schreitet kontinuierlich voran und es gelingt ihm, aufgrund gewisser Korrekturen bei schlechter Lage des Balls jährlich die Verbesserung des Handicaps um einen einzigen Zähler, dann kann er damit rechnen, in vierunddreißig Jahren Par zu spielen! Selbst wenn man davon absieht, daß die Weisheit des Alters oder gewisse biologische Veränderungen der Zellstruktur ihn eventuell davon abhalten, bleibt die Frage, ob das ein lohnendes langfristiges Ziel ist.

Da lobe ich mir doch den alten Mr. Bogey als Trost stiller Runden, bei denen lediglich die Fasanen zuschauen und die Karnickel. Mit einer Runde voller Bogeys vermag unsereiner zum Pro zu gehen, um sich auf das Handicap-Kärtchen die Achtzehn eintragen zu lassen: Das ist vernünftig, human und ordentlich, es verrät Zielstrebigkeit, und es liegt im Bereich des Möglichen – irgendwann einmal. Obgleich unsereiner nie begreifen wird, wie dieser schusselige Herr Schusselmann innerhalb von zwei Jahren tatsächlich auf diese achtzehn kam, während unsereiner mit seinem zweifellos weitaus phantasiereicheren Spiel weit dahinter herumkrebst!

Natürlich steht in den Regeln auch nix über den Bogey, und die Geschichtsbücher ignorieren ihn, was eine Schweinerei ist; gibt es nicht viel mehr Spieler, denen ein Bogey geläufig ist, als andere krankhafte Ehrgeizlinge, die einen Birdie für erstrebenswert halten? Die Entstehung des Bogey ist auf einen alten Pro zurückzuführen, der vor ungefähr hundert Jahren im schottischen Hochland segensreich wirkte.

Mr. Bogey, dessen Vorname nicht überliefert wurde, betrieb im Winter eine florierende Whisky-Destillerie. Er verursachte seiner lieben Gattin im Laufe der Jahre einundzwanzig Kinder und galt als besonders schweigsam. Als seine Gattin nach dem dritten Kind meinte, nun sei es aber genug erklärte er kurz: »Eins mehr!« Die Dame, die man nach heutigen Erkenntnissen als geschwätzig bezeichnen könnte, erzählte das ihrer Freundin und diese gab es wiederum an ihre Freundin weiter – selbstverständlich taten sie das alle unter dem Siegel tiefster Verschwiegenheit. So kam es schließlich, daß zunächst das gesamte schottische Hochland und mittlerweile die ganze Welt ›einen mehr‹ mit einem Bogey bezeichnet.

Mir erscheint diese Geschichte weitaus sinnvoller als die vom Birdie. Deshalb sollte jeder das Andenken von Mr. Bogey hochhalten.

Falls es übrigens irgend jemanden geben sollte, der diese Darstellung nicht glaubt, so geschieht es ihm gerade recht. Schließlich ist diese Geschichte extra für dieses Kapitel erfunden worden.

Über das Eisen 1

Es begann damit, daß ich aufgrund einer rätselhaften Anein-
anderreihung seltsamster Umstände, die zu einem glückhaften
Ergebnis führten, nicht nur einen gläsernen Bierkrug mit Zinn-
deckel (graviert) nebst Urkunde erhielt, sondern auch einen sehr
praktischen Gutschein im Werte von hundertzwanzig Mark. Einzu-
lösen im Proshop.

Was kauft einer für hundertzwanzig Mark im Proshop? Pullover
gehen nicht. Das liegt nicht an den Pullovern, sondern an meinem
Pullovertick: Wenn ich noch einen einzigen Pullover nach Hause
bringe, flippt meine Lebensgefährtin aus. Sie hat gesagt, sie würde
alle Pullover am liebsten in die Garage tragen, aber sie befürchte,
daß dann der Wagen nicht mehr hineinpaßt. Oder Bälle? Nun gut,
ich verliere viele Bälle, aber gleich für hundertzwanzig Emmchen?
Außerdem würde ein zu großer Vorrat nur dazu führen, daß ich mit
den Dingern noch sorgloser umgehe. Hemden? Für die gilt ungefähr
das gleiche, was ich bei den Pullovern erwähnte. Hosen? Ich mag
keine karierten Hosen. Socken? Für hundertzwanzig Mark Socken?
Idiotisch! Schuhe? Aufgrund einer gütigen Fügung habe ich einmal
Texte für den größten (und für mich besten) Schuhhersteller der
Welt verfaßt, die man mir mit Naturalien honorierte. Also, was
kauft man im Proshop für hundertzwanzig Mark?

Ich habe unter den Schlägern herumgewühlt, die da als Einzel-
exemplare standen. Am interessantesten sehen ohne Zweifel immer
die Putter aus. Da gibt es Gebilde, die offensichtlich bei der NASA
entwickelt wurden oder zumindest im Windkanal von Mercedes-
Benz. Manche zirpen beim Schlag wie ein Buchfink. Manche haben
einen Heckspoiler. Manche sind klumpig, manche zierlich. Der Putter, über den ich mindestens jede zweite Runde in Verzweiflung
gerate, ist aufgrund seiner Form dem späten Jugendstil zuzurechnen,
vielleicht auch Biedermeier. Irgendwann werde ich mir einen anderen zulegen.

Aber an diesem Tag wollte ich keinen Putter. Das lag vor allem
daran, daß ich Streit hatte – richtigen Krach, Stunk, Krawall. Und
zwar mit dem Driver. Jeder weiß, was ich damit meine: Man kann

nämlich sehr wohl auch Streit mit einem Driver haben; nur völlig unsensible Menschen werden sagen, daß man mit einem leblosen Gegenstand keinen Krach haben kann. Ein Driver ist kein lebloser Gegenstand. Alle anderen Schläger übrigens auch nicht. Sie haben Launen wie eine Diva, wahrscheinlich auch Migräne und manchmal ganz einfach keine Lust. Ich wette, daß das nichts mit mir zu tun hat. Ich habe mich an manchen Morgenstunden schon grauenvoll gefühlt und geglaubt, spätestens am dritten Loch den ärztlichen Notdienst in Anspruch nehmen zu müssen; aber dann waren die Schläger in Laune und steckten mich damit an. Jeder kennt das.

Wenn einer Krach mit dem Driver hat, könnte er natürlich mit dem Holz 3 abschlagen. Aber wie sich schon herausgestellt hatte, benahm sich dieser Knüppel ebenfalls so, als leide er unter dem Föhneinfluß.

Und dann fand ich in diesem Büschel stählerner Ruten auf einmal ein Ding, von dessen Existenz ich zwar gehört, das ich aber nie zuvor benutzt hatte – ein Eisen 1. Es war Liebe auf den ersten Griff. Es gibt Schläger, die haben so etwas wie Appeal, meinetwegen sogar Sex-Appeal. Ein Eisen 1 hat so viel Sex-Appeal wie der Rohrstock eines preußischen Schulmeisters vor hundert Jahren. Es ist lang und steif und sieht nützlich aus wie ein Telegrafenmast.

Der Pro in diesem Proshop, dessen ganz natürliches und durchaus auch verständliches Gewinnstreben darauf ausgerichtet ist, mir irgend etwas zu verkaufen, und sei es nur ein Schweißband, schüttelte den Kopf: »What the hell are you going to do with it? Ein Eisen 1 ist nur für wenige Berufsspieler gedacht und mit Sicherheit nicht für einen wie dich!«

Ich sagte: »How much?«

Der Pro: »My dear friend, dieses Eisen kannst du gar nicht schlagen. Das, was du als deinen Schwung bezeichnest, was aber in Wirklichkeit eher eine abartige Schwangerschaftsgymnastik ist, das wirst du damit auch noch verlieren!« Dann setzte sich bei ihm doch das bereits erwähnte Gewinnstreben durch, und er nannte mir den Preis. Ich gab ihm den Gutschein und legte noch einen Blauen drauf. Er raffte Gutschein und Bares schnell zusammen, machte dabei aber ein Gesicht, als müsse er es verantworten, daß einer, der eben die Führerscheinprüfung bestanden hatte, nun mit einer Formel-1-Karosse davonfährt: »Ich habe dich gewarnt!«

In der Tür stieß ich mit unserem Clubmeister zusammen, der normalerweise zu den gemütlichen Biertrinkern zu zählen ist. Er blickte auf mein Eisen 1 und stammelte: »Was wollen Sie denn damit?« Der Pro rief von hinten sofort schuldbewußt: »Ich habe ihn gewarnt, aber er wollte es unbedingt haben!« Der Clubmeister, der bei uns viel zu sagen hat, funkelte ihn an: »Dann hättest du es ihm ausreden müssen!« Ich erlaubte mir, auch etwas zu sagen: »Verdammt noch mal, ich will das Ding haben! Ich habe es bezahlt, und ich will es behalten!«

Der Clubmeister blickte mich mit der Weisheit eines Mannes an, der eine Million Löcher mehr gespielt hat, und ließ seine Augen auf meine neue Liebe schweifen, und zwar so, wie man eine grüne Mamba anschaut. »Lieber Freund«, hub er an, »lieber Freund, wer dieses Gerät beherrschen will, braucht einen geraden, sauberen Schwung. Die Flugbahn des Balles wird wesentlich durch den Backspin beeinflußt, den der Ball vom Driver mit auf seine Fahrt bekommt. Ein Eisen 1 gibt dem Ball aber keinen Backspin oder nur einen ganz minimalen. Lassen Sie sich von mir sagen, daß Sie mit diesem Ding Frustrationen erleben werden, wie Sie sie in den bösesten Alpträumen noch nicht erlebt haben!«

Ich fragte: »Haben Sie ein Eisen 1?«

Er schüttelte traurig den Kopf: »Nein!« Und fuhr noch trauriger fort: »Schon lange nicht mehr!«

Ich: »Das ist mir scheißegal, ich gehe jetzt auf die Driving Range!« Ich gebe zu, das war nicht sehr fein ausgedrückt, entsprach aber meiner Gemütslage. Erstens hatte ich, wie man weiß, Krach mit dem Driver, und zweitens hatte ich mich verliebt. Jeder weiß über die Gefahren in solchem Zustand und welchen Blödsinn man dabei anzustellen bereit ist.

Der junge Pro-Lehrling auf der Übungswiese, der sonst die Kiemen kaum zum Guten-Morgen-Sagen auseinanderbringt, stellte seinen Unterricht mit einem runden roten Pullover sofort ein und baute sich zehn Meter neben mir auf. Ich habe es nicht gern, wenn man mir zuschaut, und ich pflege dann jeweils das Quadratmeterquantum herausgeschlagener Grasfetzen leicht um das Dreifache zu erhöhen. Dieses Mal kam ich auf das Zehnfache – oder um ehrlich zu sein, ich schlug überhaupt nur in die gute Muttererde.

Der Bengel mit den roten Wangen kam näher. »Darf ich einmal damit schlagen?« fragte er. Ich gab ihm meine neue Errungenschaft zögernd. Er schlug zwar einen grauenvollen Hook, aber immerhin bis kurz vor den Horizont. »Sie werden viel üben müssen!« sagte er ehrfurchtsvoll. Ich fragte leicht gereizt, ob dieser Rat unentgeltlich sei, worauf er sich bestürzt wieder dem rundlich roten Pullover zuwandte.

Seitdem übe ich. Manchmal treffe ich auch inzwischen. Es gibt Lieben, die fallen einem einfach so zu. Um andere muß man kämpfen. Um die Zuneigung des 1 kämpfe ich. Das Luder hat weniger Launen als der Driver, ist aber sturer, deshalb vielleicht auch verläßlicher. Hoffe ich. Im Club sagen manche Leute über mich: »Das ist der Verrückte mit dem Eisen 1!« Da es sonst wenig über mich zu sagen gibt, hin ich darüber gar nicht böse.

Pro-Am mit Proette

Seit ich mich vor einiger Zeit einmal öffentlich darüber äußerte, daß die Kerle beim Golf karierte Hosen tragen, was sie im täglichen Leben nie und nimmer tun würden, denn selbst ich würde einem in karierten Hosen, der um die Hand meiner Tochter anhält, mit allerhöchstem Mißtrauen begegnen – seit ich mich also einmal über karierte Hosen beim Golf ausließ, werde ich manchmal zum Pro-Am bei den großen Turnieren eingeladen, vielleicht weil sie gucken wollen, ob ich nicht doch selber welche trage.

So ein Pro-Am ist eine Supersache, weil unsereiner dann mit einem zusammen spielt, der schon mal fast die Nigeria Open gewonnen hat – wenn es in Nigeria überhaupt die Open gibt –, aber man kann viel dabei lernen, vor allem die wichtigen Schläge bei der Annäherung, bei denen sich die ganze Ungerechtigkeit dieses Spiels herausstellt, weil einem der Drive über zweihundert Meter nicht besser angerechnet wird als die lausigen zwei Zentimeter zum Loch. Für den Pro ist das Pro-Am am Tag, bevor es richtig losgeht, eine Art bezahltes Training, weil es da schon um ein bißchen Kohle geht – zwei-drei Mille für den Sieger, mit denen er das Hotel und den Flug zum nächsten Turnier bezahlen oder sich ein Glas Bier kaufen kann. Die drei Amateure, die mit dem Pro spielen, kriegen höchstens ein schwer putzbares Silber und Krach zu Hause, weil die entsprechende Dame es aus weltanschaulichen Gründen ablehnt, das Zeug alle paar Tage zu wienern, weil das angeblich gegen die Selbstverwirklichung und die Emanzipation spricht.

Von hier komme ich nun leicht auf die ›Ladies Open‹, denn selbstverständlich mußten auch die Besten unter den Damen eines Tages das schöne Golfspiel zu ihrem Beruf machen, weil wir ja die Gleichberechtigung haben, worüber ich mich aus Gründen meines schier krankhaft ausgebildeten Harmonie-Bedürfnisses nicht weiter auslassen möchte. Auch über die Tatsache, daß sie auf der schönen britischen Insel immer noch Plätze haben, wo ›dogs and ladies‹ – und zwar in dieser Reihenfolge – nicht zugelassen sind, möchte ich mich nicht äußern, denn bei uns im Club sind Damen erlaubt wie andere Menschen auch.

Wie nun also neulich die Einladung zum Pro-Am für die Ladies Open kommt, gerate ich nach dem ersten Entzücken doch ein bißchen in die Nachdenklichkeit: Es macht nämlich unsereinem überhaupt nichts aus, von solchen Typen wie Ballesteros oder Langer oder Faldo nach Strich und Faden naßgemacht zu werden, weil die im Unterschied zu mir dafür bezahlt werden, gut Golf zu spielen – ich glaube auch, daß der Dr. Mike Tyson, dem sie kürzlich einen honoris causa verliehen, besser boxen kann, obgleich ich in diesem Falle auf eine Probe nicht so wild bin. Die Nachdenklichkeit bezieht sich denn auch mehr darauf, daß beim Pro-Am der Ladies Open sicherlich eine sportgestählte Proette mit wahrscheinlich gering ausgebildeten sekundären Geschlechtsmerkmalen erscheinen wird, die einem das über Jahrzehnte gepflegte Macho-Image zertrümmert – und zwar mit allem, was sie in der Tasche hat, vom Holz Eins bis zum Putter. Trotz dieser Überlegungen bin ich dann morgens um kurz nach Acht am Abschlag, wo sich bereits ein netter älterer Herr beim Probeschwung befindet, der sich als früherer Richter und heutiger Schiedsrichter und vielversprechender Mitspieler vorstellt – der dritte Amateur fehlt unentschuldigt. Außerdem fläzt sich da ein kurz geratener, stoppelhaariger Bengel von jener Art herum, der ich beim Drive schon lange nicht mehr zuschaue, weil mir dann die Bandscheiben sofort drohend telegrafieren, daß ich ja nicht auf die Idee kommen sollte, mich ähnlich zu verdrehen – andernfalls würde ich morgen auf der Schnauze liegen und der Arzt würde mir wieder diese pinkfarbene Spritze dort hineinjagen, wo ich drauf sitze. Ich lasse also einmal diesen Bengel außer Betracht und einen prüfenden Blick über die anwesende Weiblichkeit gleiten, unter der sich logischerweise ja jemand befinden muß, mit dem ich die nächsten vier Stunden durch die Landschaft toben soll; wie ich aus der Startliste entnehme, soll sie Nicholas heißen, aber mit Nachnamen – vorne heißt sie Alison, was ich seltsamerweise mit langen blonden Haaren, blauen Augen und langen Beinen verbinde – weiß auch nicht, warum. Aber als wir aufgerufen werden, kommt dieser vierzehnjährige Bengel herübergeschlürft und stellt sich als Alison Nicholas vor – ist auch schon siebenundzwanzig, aber höchstens Einsfuffzig vom Stoppelscheitel bis zur Schuhgröße 34. Ich denke ach-du-lieber-Gott und auch-das-noch, aber selbstverständlich sage ich nice-to-meet-you und haue die Kugel gar nicht schlecht, was die Weite anbetrifft, aber selbstverständlich rechts ins Rough, weil ich die linke Hand wieder nicht zugemacht und deshalb einen Slice gespielt habe. Es ist ein Par 5 und ich brauche eine scheußliche 8 – sie spielt Par.

Was nun die nächsten vier Stunden angeht, so zuerst einmal die gute Nachricht: Miss Nicholas befleißigte sich des angenehmsten Schweigens, denn wenn ich eines nicht leiden kann, dann ist es der Austausch von Kochrezepten auf der Runde, oder das ewige Lamentieren darüber, daß man gestern an diesem Loch noch einen Birdie spielt und heute nur einen Doppelbogey – sie sagte nur einmal ›Shit‹, und das war, als sie einen Putt aus zwei Metern daneben schob, was ich in dem Fall auch gesagt hätte. Dann bimmelt eine Glocke von irgendeiner oberbayerischen Kirche, was mich so irritiert, daß ich den Ball in einer Gegend, die sie auf diesem Platz als Bermuda-Dreieck bezeichnen, ins Wasser schlage – selbstverständlich fluche ich nie bei Kirchenglocken, aber vielleicht hat sie's doch gehört und sagt, daß der Pfarrer schon für nächsten Sonntag trainiert, was wohl als Witz zu verstehen ist. Ich revanchiere mich am Neunten, wo ich wirklich einen guten Abschlag habe, als man aus dem Clubhaus ewig ein Telefon klingeln hört – ich sage, das sei sicherlich für sie und ob sie nicht mal hingehen wolle, aber sie hört gar nicht zu, weil es ja auch kein besonders starker Witz ist und weil sie gerade jenen Lulatsch anhimmelt, der ihr den Caddie macht und ebenfalls aus Birmingham stammt. Ich denke, iss-ja-auch-egal, und erreiche einen Bogey, der, wie man weiß, das Par der Armen ist. Was den mitspielenden Richter anbetrifft, der inzwischen Schiedsrichter wurde, so meint er einmal, sie würde wie Liz Taylor aussehen, vor allem, wenn sie die Wangen aufbläst – eine Meinung, die ihr wohl gefällt, die ich aber nicht ganz teilen kann, weil ich bei Liz Taylor an ganz andere Dinge denke als an aufgeblasene Wangen. Auf dem Achtzehnten hat sie dann eine 71 gespielt – immer geradeaus, nie mehr als zwei Putts, immer vor mir herlaufend mit ihren kurzen Beinchen und dem ordentlichen Popo, ein richtiger kleiner Knubbelknubb mit schwarzen Knopfaugen – und für mich war es rein golfmäßig genauso gelaufen, wie ich es in der bereits geschilderten Phase der Nachdenklichkeit befürchtet hatte. Letzteres ist die schlechte Nachricht.

Wie ich dann nachher ins Clubhaus komme, hockt sie schon da, und weil es die Höflichkeit so gebietet, setze ich mich selbstverständlich dazu und sage, sie hätte gut gespielt und ob sie noch einen Kaffee will, aber sie trinkt Saft und meint, sie muß gleich wieder zum Training. Ansonsten ist es erstaunlich, wie sie alle Fragen mit Yes oder No beantwortet, obgleich ich in dreißig Reporterjahren viele Fragen gelernt habe, auf die man nicht mit Ja und Nein antworten kann. Die Tatsache, daß sie in Gibraltar geboren und in Europa eine richtige Koryphäe ist, habe ich später aus dem Handbuch der professionellen Golfdamen entnommen, wo auch drin steht, daß sie voriges Jahr bei zehn Turnieren unter den besten Zehn war und eine Viertelmillion dafür kassiert, was meinen Bewunderungspegel nur unwesentlich steigert.

In den nächsten vier Tagen hocke ich dann meistens am Neunzehnten, wo es neben Kaffee auch den Fernseher gibt, und wenn man den richtigen Tisch hat, kann einer live aufs Achtzehnte gucken und gleichzeitig elektronisch in der Glotze beobachten, was ungemein spannend ist – und wenn die professionellen Damen dann die Murmel im Töpfchen haben, kann man mit Freunden die wichtigsten Dinge des Lebens besprechen, wie zum Beispiel die Vermeidung eines Hook oder ob es bei der Annäherung angebracht ist, den Ball mit hohem Pitch neben die Fahne tropfen oder besser mit einem Chip rollen zu lassen. Daneben diskutieren wir selbstverständlich auch noch die Fragen des Damengolf in soziologischer Hinsicht unter Berücksichtigung geschlechtsspezifischer Aspekte. Deshalb merke ich erst abends an der großen Tafel mit den Ergebnissen, daß Alison-Knubbelknubb am ersten Tag mit einer 67 ganz vorne steht, aber aus dem Glückwunsch wird nichts, weil sie schon wieder auf der Driving Range steht und ernsthaft einen Eimer Bälle in die Gegend fetzt, was mich mit Stolz erfüllt, denn schließlich hat man zu einer, mit der man vier Stunden im Grünen verbrachte, selbst dann so etwas wie eine seelische Bindung, wenn es auch nur beim Golf war. Die Bindung steigt in den nächsten drei Tagen, weil sie in der zweiten Runde eine 69, in der dritten gar 68 spielt, so daß ich mir am letzten Tag eine Weile das Neunzehnte verkneife und mit ihr laufe wie die anderen Zuschauer, obgleich natürlich keiner von denen ahnen kann, wie das ist, wenn man mit einer, die ganz vorn ist, das Pro-Am gespielt hat – und weil das keiner weiß, erzähle ich einigen Leuten so ganz nebenbei davon, was die aber gar nicht übermäßig zu interessieren scheint. Dafür jubeln sie, als Miss Nicholas am Zwölften auch noch 'nen Eagle macht, womit sie die Meisterschaft so gut wie im Sack hat. Am Achtzehnten macht sie dann noch einen Birdie zum Platzrekord von 65, was insgesamt Neunzehn-unter bedeutet, und einen kleinen Hüpfer, was sicherlich der höchste Temperamentsausbruch ist, den man sich bei ihr vorstellen kann. Übrigens trägt sie an diesem Tag gelbschwarzkarierte Hosen und wie sie auf den kurzen Gehwarzen daherkommt, sieht sie wieder aus, wie einer von diesen vierzehnjährigen Bengels, bei deren Schwung mir schon vom Zuschauen der Rücken schmerzt. Sie kriegt sechsunddreißig Mille für den Sieg, was unsereinem an einem einzigen Wochenende ganz selten zuteil wird, und wie ich ihr gratuliere und bescheiden erkläre, daß der Einfluß ihres Mitspielers beim Pro-Am sicherlich dazu beigetragen hat und wir sollten das öfter tun, sagt sie Yes und guckt zu dem langen Lulatsch, der ihr die Tage den Schlägersack getragen hat, und lächelt ganz herzallerliebst, wie beispielsweise Greg Norman noch nie seinen Caddie angelächelt hat, was übrigens einen bisher unbeleuchteten Gesichtspunkt in das Pro-Caddie-Verhältnis beim Damengolf bringt. Deshalb glaube ich, sie hat mir gar nicht zugehört.

Wenn der Bauch voller Schmetterlinge ist

Die Frage, wie man zum Teilnehmer an einem großen Pro-Am-Turnier wird, ist gar nicht so schwer zu beantworten. Am einfachsten ist es, man ist Generaldirektor oder gar Inhaber einer Firma oder Bank, die aus Werbegründen bereit ist, mit einer sechsstelligen Summe die Open zu sponsern. Als eines der kleinen Dankeschöns kommt die Einladung dann automatisch. Da es aber so viele Sponsoren und auch so viele Generaldirektoren auf der ganzen Welt nicht gibt, muß das Feld ja irgendwie aufgefüllt werden. Ungefähr als Nummer 98 kommt man dann auf unsereinen: Entweder, weil man zufällig mit dem Pressechef der Firma oder der Bank einmal über das Wetter geredet hat – oder weil man seinen Kopf in eine Fernsehsendung hielt und dokumentierte, daß man dieses Spiel nicht begreift – oder weil der Einladende ein Buch oder eine Geschichte las, aus der zu entnehmen war, daß dort ein Leidensgenosse einer unerwiderten Liebe frönt. Sicherlich gibt's noch andere Gründe, aber mir fallen keine ein.

Wenn der Termin des Pro-Am naht und die Zahl der Schmetterlinge im Bauch täglich wächst, begeht der Gast eine Reihe von Fehlern. Zunächst einmal nimmt er eine Reihe von Lehrstunden beim Pro. Gegen ein gewisses Entgelt erhält er von diesem Mann versichert, daß die anderen Amateure dort sicherlich auch nicht besser sind, was nur bedingt aufbauend wirkt. Dann kauft er sich neue Hosen, Hemden, Pullover und Schuhe. Letztere sind sehr elegant, kosten ein Sündengeld und drücken, was aber wegen der Eleganz in Kauf genommen wird. Was die Schläger angeht, so muß zumindest ein Eisen 1 her, welches immer einen sehr professionellen Eindruck macht, und natürlich ein neuer Putter, weil angeblich jeder mit einem neuen Putter viel besser puttet.

Es handelt sich um einen deutschen Sommertag. Das heißt, die Sturmböen haben ungefähr Stärke acht bis neun – hin und wieder fegt ein erfrischender Regenguß über die Landschaft. Der Gast friert, was ihn insgeheim zu der Frage bringt, ob er vor Aufregung oder vor Kälte zittert. Immerhin hat er ein Jäckchen geschenkt bekommen; auf der linken Brust steht eingestickt, daß er am Pro-Am der Open teilnimmt. Das Jäckchen ist warm genug, so daß das Zittern nicht von der Kälte kommen kann. Er zieht vorsichtigerweise einmal das Holz 3 aus der Tasche und geht hinter ein naheliegendes Gebüsch für ein paar Probeschwünge. Dort steht ungefähr ein Dutzend Gleichgesinnter, die ebenfalls üben. Natürlich hat jeder ein Gesicht auf, als würde er täglich ein Pro-Am spielen – ich auch.

Störend ist, daß plötzlich drei Fernseh-Kollegen dastehen und viel zu laut fragen, was um Himmelswillen man denn da vorhabe. Sie finden das alles sehr komisch, lachen sich halbtot und geben psychisch wichtige Ratschläge wie: »Du solltest mit dem Ding, das du mit dir herumträgst, vielleicht einmal deinen Garten umgraben!« Oder stellen Fragen: »Hast du denn auch genügend Bälle mit?« Oder: »Spielst du mit dem Langer?«

Natürlich spielt einer, der auf der Einladungsliste die Nummer 98 ist, nicht mit dem Langer oder dem Ballesteros. Erstens haben diese Herren schon morgens als die Allerersten abgeschlagen, weil sie so gut sind – und zweitens ist die Gesellschaft der Stars jenen bereits erwähnten Generaldirektoren und Firmeninhabern vorbehalten, was im Grunde genommen ganz in Ordnung ist. Das haben sie nun von ihrer Sponsiererei. Unsereiner spielt mit einem Professional, der aus Surrey stammt und als besonderes Charakteristikum im Jahrbuch stehen hat, daß er durch seine »beständigen Leistungen zu den schönsten Hoffnungen berechtigt«. Außerdem macht der Pro ein Gesicht, als habe er bei solchen Gelegenheiten schon mehr Elend gesehen, als sich ein Normalsterblicher überhaupt vorstellen kann. Mir geht durch den Kopf, daß die Sache mit den ›beständigen Leistungen‹ ja auch auf mich zutrifft.

Der Mann am ersten Abschlag – eine Art Maître de plaisir – hat sich wegen des Wetters in einen von diesen gelben Regenmänteln gewandet, die auch unter der Bezeichnung »Friesennerz« bekannt sind. Er hat eine laute Stimme, wenn er die Namen aufruft. Das mag sicherlich nützlich sein, obgleich ich nichts dagegen hätte, wenn ich plötzlich nicht mehr auf der Liste wäre. Die beiden anderen Amateure machen irrsinnig routinierte Gesichter. Ich auch. Um meine Routine zu unterstreichen, rupfe ich ein wenig Gras vom Boden und werfe es hoch, um den Wind zu kontrollieren. Selbstverständlich ist das ein Quatsch, denn die Sturmböen stehen steif von rechts, wie sich an den Bäumen unschwer erkennen läßt. Ich denke: »Wenn du einen Slice hast, und du hast immer einen Slice, dann ist der Wind von rechts gar nicht so schlecht – vielleicht treibt er die Kugel zurück aufs Fairway!« Der Mann im Friesennerz meint, wir müßten uns zunächst hinter eine hüfthohe Wand stellen, auf der die Sponsoren aufgeschrieben stehen – zwecks Fotografie. Ich beschließe, ernst aber gefaßt auszusehen.

Das Schlimme am ersten Abschlag eines Pro-Am-Turniers ist weder die Fotografie noch der Ostfriesenmann mit der lauten Stimme – es sind die Zuschauer. Selbstverständlich sind sie nicht wegen mir gekommen, sondern wegen der Profis, die mit unendlichem Gleichmut die Kugel das Fairway heruntertrümmern – aber da sie nun schon mal da sind, müssen sie auch den Anblick der Amateure in Kauf nehmen. Zum Beispiel mich.

Der Mensch aus Surrey nimmt das Eisen 1, der kleine Dicke den Driver, der Lange das Holz 3. Vor allem der Lange läßt mich hoffen, weil er ein Divot aus dem Tee von der Größe einer Fußmatte fetzt. Sein Ball rollt hoppelnd den Berg herab. Ich denke: »Lieber Himmel – mach doch bitte, daß dieser eine Schlag sitzt! Nur dieser eine!! Nachher in der Wildnis, wo keine Zuschauer sind, werde ich schon selbst zurechtkommen!!!« Der aus Surrey schaut weg, die beiden anderen machen sich an ihrem Bag zu schaffen. Die zwei- oder dreihundert Zuschauer denken gar nicht daran, wegzuschauen. In St. Andrews haben sie so viel verboten – warum nicht auch Zuschauer?

Ich denke an die lockeren Schultern, den leichten Griff, den ruhigen Kopf, den festen Stand, die Drehung der Hüfte, den abrollenden Fuß, den harmonischen Schwung. Ich stecke den Ball ziemlich hoch aufs Tee, weil ich erinnere daß Jack Nicklaus das auch macht. Natürlich schlage ich deshalb unter den Ball, der viel zu hoch ansteigt – aber mein Slice hat mich nicht im Stich gelassen. Der Wind ergreift den Ball, dessen Flugbahn dadurch einer Art Schlangenlinie ähnelt. Er landet zwischen den Bäumen. Der Dicke, der Lange und der leidgeprüfte Pro wandern bereits davon. Ich gehe eiligst hinterher, während der Mann im Regenmantel den nächsten Flight aufruft. Ich glaube, wir sind Achtunddreißigster geworden.

Über Verlorenes

Es muß zwischen den Abschlägen am siebten und achten Loch passiert sein. Am siebten war er noch da, aber am achten war er verschwunden. Ich rede von meinem Abschlag.

Die siebte Bahn ist kein besonders schwieriges Dreierpar, bei dem man nur darauf achten sollte, daß der Ball nicht direkt hinter die drei himmelhohen Tannen zu liegen kommt, die mitten im Fairway herumstehen. Weil man nämlich hinter den Tannen bis zum Grün noch gute hundertzwanzig Meter hat, und weil das Drüberhinwegspielen meistens damit endet, daß es ein oder zweimal Klack macht und die Kugel leidenschaftslos aus dem Geäst tropft. Am siebten war er aber noch da: Ich schlug mit dem Driver bis auf die Höhe der Tannen, aber fünf Meter daneben, so daß es ein Klacks war, mit dem nächsten an die Fahne zu kommen. Natürlich war es dann doch kein Klacks, aber mit dem vierten war ich drin, womit unsereiner ja schon zufrieden ist. Sehr zufrieden.

Ich schlenderte also gemächlich zum Abschlag des achten, welcher dämlicherweise direkt an ein forellenführendes flinkes Flüßlein grenzt. Da ich am siebten aber einen gewissen Vorrat seelischer Ausgeglichenheit gehortet hatte, zog ich erneut den Driver, warf einen kurzen Blick auf das endlose Fairway und schlug. Der Ball machte »Zick« und tropfte mit sehr schönem Bogen mitten in das Flüßlein. Nun gut, das passiert einem wie mir schon manchmal, und man gewöhnt sich dran.

Ich klaubte einen zweiten Ball hervor. Dieser bohrte sich tief in die schlammige Böschung des Ufers. Ich schritt über die Brücke, erklärte den Ball mit großzügiger Regelauslegung für unspielbar, droppte einen dritten. Mit dem elften Schlag war ich im Loch. Der Hort seelischer Ausgeglichenheit war aufgebraucht.

Am neunten, zehnten und elften gibt es kein Flüßlein, aber wenn jemand dabei gewesen wäre, hätte es mich drei Runden gekostet. Mehr will ich dazu nicht sagen. Ich setzte mich am zwölften Abschlag auf eine Bank und dachte nach: Am siebten war er noch da – ab dem achten nicht mehr. Das bedeutet, ich muß irgendwo dazwischen meinen Abschlag verloren haben. Und zwar am

Donnerstag gegen halb zehn Uhr morgens.

Nun gibt es Leute, die ich nicht unbedingt zu meinen Freunden zählen möchte, die behaupten, das müsse eine Lüge sein; ich hätte ja nie einen Abschlag gehabt. Ich halte das für eine Unverschämtheit; ich vermag sogar ganz genau zu erklären, wie er aussieht.

Zunächst einmal hat er einen Slice, auf den ich mich so hundertprozentig verlassen kann, daß ich mich schon immer ganz schief hinstelle, damit der Ball vielleicht doch in die Mitte der geschorenen Wiese zu liegen kommt. Wem das als Charakteristikum nicht ausreicht, darf ich noch erklären, daß ich den Ball ein bißchen hoch auf das Tee stecke; das liegt daran, weil ich Schiß habe, in den Boden zu hauen. Dieser hoch aufgesteckte Ball führt dazu, daß mein Abschlag viel höher fliegt als bei anderen. Ich finde immer wieder, daß das schöner aussieht als diese flach ansteigende Flugbahn der Profis, bei denen ich allerdings zugeben muß, daß sie damit etwas weiter kommen. Wenn ich im Golf etwas zu sagen hätte, würde man die Höhe auch irgendwie bewerten. Außer der herrlichen Höhe und dem sauberen Slice könnte ich noch einiges über die Länge meines Abschlags sagen, mit der er leicht zu identifizieren ist. Aber ich möchte mir diesen Fakt dann doch aufheben: Vielleicht findet einer meinen Abschlag und will ihn erst herausgeben, wenn ich ganz genau erkläre, daß es tatsächlich meiner ist.

In der Zwischenzeit weiß ich allerdings überhaupt nicht, was ich machen soll. Ein Golfspieler, der seinen Abschlag verloren hat, ist wie ein Springreiter ohne Pferd. Zunächst habe ich gedacht, er muß ja dort irgendwo herumliegen. Aber beim Suchen fand ich nur vier Bälle, die mir ohne Abschlag überhaupt nichts nutzen; ich habe sie trotzdem eingesteckt, weil ich ja immer noch hoffe, daß ich den Abschlag wiederfinde.

Was macht einer, der seinen Abschlag verloren hat? Es wundert mich, daß es darüber überhaupt keine einschlägigen Erfahrungswerte gibt, denn ich höre doch immer wieder, wie einer schluchzend erklärt, sein Abschlag sei weg. Geben diese Leute eine Verlustanzeige auf? Etwa so: »Abschlag verloren, fast neu. Am letzten Donnerstag gegen neun Uhr dreißig. Der ehrliche Finder wird gebeten, ihn im Proshop abzugeben. Belohnung zugesichert.«

Selbstverständlich bin ich bereits auf das Naheliegende gekommen: Ich könnte mir ja einen neuen Abschlag zulegen, obgleich das sicherlich wieder ganz schön ins Geld geht und außerdem viel Zeit kostet. Aber was mache ich mit dem neuen Abschlag, wenn ich den alten dann doch wiederfinde? Ich könnte ihn vielleicht verkaufen, aber ich befürchte, daß ihn keiner haben will. Nicht einmal geschenkt.

Was man mit alten Golfbällen machen kann

Es ist eine altbekannte Tatsache, daß neue Bälle die Eigenschaft besitzen, im harmlosesten Rough unsichtbar zu werden. Dagegen ist es so, daß alte, schlachterprobte Kugeln mit klaffenden Wunden nicht loszuwerden sind. Man kann sie hinschlagen, wo man will – sie liegen da, unübersehbar. Und wenn man sein Eigentum verleugnet, kommt irgend jemand und steckt sie ein, was am Tatbestand nichts ändert: dann kullern sie nämlich bei jenem anderen herum. Der Versuch, alte Bälle in einem Container zu sammeln, um sie an der tiefsten Stelle des Atlantiks zu versenken, erwies sich erstens als kostspielig und zweitens kriegt man's mit dem Umweltschutz zu tun. Leerstehende Salzstöcke in Bergwerken, die für eine Golfballdeponie geeignet wären, sind größtenteils anderweitig verplant. Was tun? Im folgenden geben wir Tips zu diesem immens wichtigen Thema: Wohin mit alten Golfbällen?

1. Zur Müdigkeit neigende Autofahrer können fünfzig Bälle in den Kofferraum ihres Wagens legen. Bei jedem Tempowechsel und bei jeder Kurve erzeugen die Bälle ein Geräusch, welches mit Leichtigkeit die Wirkung von zehn Tassen Mokka erreicht.

2. Falls es Ihnen bei der letzten Kirmes (Münchner Oktoberfest, Hamburger Dom …) gelungen sein sollte, einen mannshohen Teddybär zu gewinnen, setzen Sie ihm anstatt der Glasaugen zwei Bälle ein. Der Blick dieses treuen Kuscheltieres wird vor allem bei Kindern einen bleibenden Eindruck hinterlassen.

3. Gesetzt den Fall, Ihre Party gerät morgens gegen halb vier ein

wenig aus den Fugen, weil einige Gäste beschließen, das Tanzbein zu schwingen: Schütten Sie einige Dutzend Bälle unter das muntere Volk. Vergessen Sie allerdings nicht, bereits vorher den ärztlichen Notdienst zu benachrichtigen.

4. Servieren Sie Ihren Gästen in der Silvesternacht Krapfen (Berliner, Pfannkuchen, Ballen), in die Sie die Bälle hineingebacken haben. Zersplitterte Schneidezähne und herausgesprungene Plomben werden für eine Stimmung sorgen, die allen unvergeßlich bleibt.

5. Streichen Sie ungefähr zwei Dutzend Bälle mit einer weißen Farbe, die einen matten Seidenglanz zur Folge hat. Dann bohren Sie ein Loch hindurch und fädeln die Bälle zu einer schmucken Halskette auf. Verschenken Sie dieses schöne Angebinde mit dem Hinweis, daß es sich um Perlen einer Riesenmuschel handelt, die erst jetzt im Golfstrom entdeckt wurde.

6. Schneiden Sie eine entsprechende Menge Bälle in millimeterdicke Scheiben, bestreichen Sie dieselben mit deutscher Landbutter und belegen das je nach Einkommen mit Eierscheiben, Salami oder Kaviar. Servieren Sie dazu rustikales Bier- niemals Champagner!

7. Füllen Sie ein handliches Aquarium (je nach Anzahl der Bälle zwischen 20 und 30 Liter) mit Bällen und füllen das Gefäß mit einem frischen Weißwein auf. Interessierten Besuchern können Sie von der Überraschung des Arztes berichten, als er Ihnen die Nierensteine entfernte.

8. Versuchen Sie eine entsprechende Menge Bälle zu einer Pyramide zu stapeln. Es ist ein wunderschönes Geduldsspiel und bedeutend preiswerter als Videospiele.

9. Falls Ihnen die Lackierung Ihres Wagens nicht mehr gefällt oder es an etwas Kleingeld gebricht, nehmen Sie Ihr Pitching Wedge und schlagen 384 kleine Beulen mit den Bällen in die Karosserie. Jede Versicherung wird Ihnen den Hagelschaden glauben.

10. Bemalen Sie eine größere Anzahl Bälle mit netten weihnachtlichen Motiven und schrauben Sie kleine Ösen daran zum Aufhängen: ein stimmungsvoller Schmuck für jeden Christbaum! Die leuchtenden Augen Ihres golfspielenden Lebensgefährten werden im Schimmer der Kerzen ein unvergleichliches Erlebnis sein.

Über Autogolf

Es hatte sich so ergeben, daß einige liebe Menschen die Meinung vertraten, man könne die Olympischen Spiele in Los Angeles (1984, nicht 1932) unmöglich ohne meine Anwesenheit stattfinden lassen; sie bezahlten mir ein Flugticket und das Hotel. Das Essen sollte ich mir verdienen, indem ich ihnen täglich erzählte, was da vor sich ging. Ich wurde von allen Nachbarn und Familienangehörigen glühend beneidet um diese Reise, wobei ich sagen muß, daß es allein der Neid der Umwelt war, der mich ihren Wert erkennen ließ.

An Ort und Stelle konnte ich allerdings kaum einen Unterschied zu den Olympischen Spielen in Moskau, Mexiko oder München erkennen – wenn man einmal von der Sprache absieht. Es ist nämlich so, daß der Hundertmeterlauf immer wieder nur über genau diese Distanz ausgetragen wird. Nach Erkenntnis dieser Sachlage setzte ich mich an eine kühle Bar, die über einen hervorragenden Fernsehempfang verfügte, der mir außerdem die göttliche Gabe der Allgegenwart bescherte. Die lieben Menschen daheim, die mir die Reise ermöglichten, waren begeistert, daß ich es fertigbrachte, gleichzeitig beim Reiten, Bogenschießen, Fußball und Judo zu sein.

Bei dieser strapazierenden olympischen Reportertätigkeit setzte sich eines Tages ein gewaltiger Kerl neben mich, von dem mir zunächst nur auffiel, daß er ein ganzes Bier in sich hineinzugießen vermochte, ohne ein einziges Mal zu schlucken. Nachdem er dieses unheimliche Kunststück zum vierten oder achten Male vorgeführt hatte, erzählte er mir, daß er der Polizeipräsident des Staates (oder des Stadtteils – ich weiß das nicht mehr genau) sei und daß sein gewaltiger Durst lediglich auf die Tatsache einer heißen Golfrunde am Vormittag zurückzuführen sei.

Womit ich nach dieser etwas umständlichen Einleitung endlich beim Thema wäre.

Dieser gewaltige Kerl (»My name is Sam – who're you?«) lud mich für den folgenden Morgen in seinen Club ein. Er meinte das ernsthaft, denn tatsächlich stand er morgens am Frühstückstisch und steckte mich in seinen Wagen; kaum waren wir fünfzig Kilometer gefahren, hatten wir unser Ziel schon erreicht. Man muß sich an amerikanische Distanzen eben gewöhnen. Sein Einfluß dort mußte ein gewaltiger sein. Ich brauchte die lächerlichen fünfundachtzig Dollar Greenfee nicht zu bezahlen, was mir sehr gut gefiel. Sam steuerte neben dem Clubhaus einen seltsamen Lagerplatz an: Hier hatte offensichtlich ein Kirmes-Unternehmen seine kleinen elektrischen Autoscooter untergestellt. Es waren aber keine Autoscooter vom Rummelplatz, sondern richtige kleine Elektroautos zum Golfspielen. Das geht so: Man haut den Gang rein, wenn man geschlagen hat, und fährt dem Ball hinterher.

Natürlich hatte ich bereits von dieser Möglichkeit gehört, die vor allem dazu dient, das Spiel schneller zu machen. Außer meinem Freund Sam und mir waren vielleicht noch ein Dutzend Menschen auf dem Platz. Ich fragte Sam: »Warum gehen wir nicht zu Fuß?« Er winkte ab: »Es macht mich nervös, wenn hinter mir die anderen warten müssen!«

Ich: »Aber hinter uns ist weit und breit niemand zu sehen. Außerdem ist das Sportliche am Golf das Gehen. Allein vom Schlagen wird man nicht körperlich fit!«

Sam: »Du bist doch ein typischer Kraut und Besserwisser. Golf wird durch diese Wagen erst zum Erlebnis!«

Ich: » Ich will aber nicht Auto fahren, sondern Golf spielen!«

Sam: »Du wirst dich wundern!« Dann murmelte er noch etwas davon, daß manche Menschen undankbar seien, obgleich man ihnen die Zahlung von fünfundachtzig Dollar erspart habe. Das leuchtete mir ein. Mein Wagen war weiß und hatte einen Sonnenschirm wie alle anderen übrigens auch.

Nach dem dritten Schlag bemerkte ich, wie Sam seinen Wagen immer so vor dem Ball parkte, daß ich nicht sehen konnte, wie er ihn (den Ball) mit dem Fuß in eine bessere Position legte. Um ihm zu zeigen, daß ich die Regeln des Autogolfs begriffen hatte, fuhr ich ihm nach dem nächsten Schlag zufällig über den Ball, der sich auch gleich auf Nimmerwiederfinden in das Erdreich bohrte. Er revanchierte sich damit, daß er beim nächsten Mal nicht nur das gleiche mit meinem Ball machte, sondern seinen Wagen auch noch über demselben abstellte. Ich erreichte den erneuten Ausgleich im Rough, als ich im Schutze meines Wagens meinen Ball auf die Spitze eines steifen Grasbüschels legte, von dem ich wie vom Tee mit dem Driver die Kugel über eine gehörige Entfernung aufs Grün legte. Wobei ich hier erklären sollte, daß die Etikette beim Autogolf besagt, daß man mit dem Wagen nicht aufs Grün fahren darf. Sam hielt das offensichtlich für eine ungebührliche Einmischung in seine persönliche Freiheit und rammte meinen Wagen, was ich als Deutscher natürlich besonders beleidigend empfand: Keiner fährt mir ungestraft an den Lack! Bevor wir den zweiten Abschlag vollzogen, schrammte ich ihm die ganze linke Seite seines Wagens auf.

Ich mag hier nun auch aus verkehrserzieherischen Gründen nicht im einzelnen darauf eingehen, wie wir die Runde zu Ende spielten. Nur soviel: Auf einer normalen Straße hätte jeder von uns Übertretungen gehabt, die mindestens auf neunhundertfünfzig Mark gekommen wären, die Punkte in Flensburg nicht gerechnet. Zugeben muß ich allerdings, daß Sam sich auf der zweiten Hälfte des Kurses als weitaus routinierter zeigte. Nur als er mir beim elften Abschlag die Luft aus dem Reifen ließ und das leise zischende Geräusch mit der Anwesenheit einer Klapperschlange in unmittelbarer Nähe zu erklären versuchte, war ihm das vielleicht selbst peinlich.

Grundsätzlich möchte ich zum Autogolf noch sagen, daß es ein völlig anderes Spiel ist, dem ich seine Existenzberechtigung nicht absprechen möchte. Vor allem in Kalifornien, wo es meistens sehr sonnig ist und man sich lange Wanderungen gern erspart. Auf dem Sieben-Kilometer-Kurs von Sams Club bin ich höchstens hundert Meter zu Fuß gegangen und davon noch vierzig Meter aufs Klo. Ich frage mich allerdings, ob man dabei unbedingt einen Ball schlagen muß. Man könnte mit diesen stabilen Elektromobilen zum Beispiel auch ein wunderbares Querfeldeinrennen veranstalten, ohne das ewig störende Geklopfe dazwischen. Als ich Sam einen diesbezüglichen Vorschlag machte, war er davon allerdings nicht besonders angetan: »Ihr Krauts begreift nie den inneren Sinn, den das Golfspiel besitzt! Entscheidend ist nämlich, daß wir die guten Traditionen von Generation zu Generation weitergeben!«

Am nächsten Tag wieder in der kühlen Bar mit dem hervorragenden Fernsehempfang habe ich es sehr bedauert, daß Golfspiel nicht im olympischen Programm ist. Es wäre eine starke Bereicherung.

Über Erholung

Wenn man nicht gerade seinen Lebensunterhalt damit bestreitet, einen Ball mit einem Schläger durch eine meist recht nette Landschaft zu schlagen, dient Golf in erster Linie der Erholung, der Entspannung und der Ablenkung von täglichen Problemen wie Umsatzsteuer, Magenbeschwerden und kaputten Fernsehgeräten. Das Ziel eines Golfspielers sollte also immer darin liegen, möglichst locker und gelöst an die Aufgaben heranzugehen, die ihm das Leben oder der Kurs stellen. Darauf muß er seine ganze Konzentration richten.

In der Praxis bedeutet das, daß er mit geschlossenen Augen und zusammengepreßten Fäusten sich immer wieder einhämmert: »Ich erhole mich – ich entspanne mich – ich lenke mich ab – ich bin ganz locker – ich erhole mich – ich entspanne mich – ich lenke mich ab – ich bin ganz locker – ich erhole mich – ich entspanne mich…!« Und so weiter. Falls sich die Erholung und die damit verbundene Entspannung nicht sofort einstellen, wenn etwa gleich der erste Ball auf Nimmerwiedersehen spritzend im Teich (Jargon: Wasserhindernis) verschwindet, kann man die Konzentrationsübungen insofern verstärken, als man mit den Füßen den Rasen zerstampft. Der etikettbewußte Spieler wird allerdings nie vergessen, die herausgefetzten Rasenstücke (Jargon: Divot) wieder sorgfältig einzusetzen. Das Beißen in den Rasen ist zur Erzielung richtiger Entspannung nicht zu empfehlen. Es ist ähnlich aus der Mode gekommen wie das Teppichbeißen.

Manche Spieler verstärken Erholung und Entspannung, indem sie ihre Schläger fortwerfen. Ich vermag darin keinen Sinn zu sehen. Erstens haben Golfschläger sehr schlechte Flugeigenschaften; sie fliegen nicht weit genug. Außerdem werden sie von einem guten Pro eingesammelt und stehen morgen im Proshop zum Verkauf. Vernünftiger erscheint es mir da schon, den Schläger zu zerbrechen. Man schlägt sie zu diesem Zweck allerdings nicht mit dem Schaft gegen einen Baum. Erstens könnte dies unter argwöhnischen Forstbeamten als Baumfrevel oder Flurschaden angesehen werden, der wegen der immer seltener werdenden Bäume in Bälde mit Gefängnis nicht unter fünf Jahren geahndet wird, zweitens löst sich bei dieser Entspannung der Schlägerkopf etwas unkontrolliert vom Schaft und kann verlorengehen. Der Spieler, der seine Erholung auf diese Weise zu finden gedenkt, sollte den Schläger ganz einfach über dem Knie zerbrechen, wie er es von der Brennholzgewinnung her kennt. Man fasse dabei den Schlägerschaft nicht zu eng und schlage ihn mit kurzem und energischem Schwung auf das Knie. Menschen, die leicht zu Blutergüssen neigen, sollten vielleicht darauf bedacht sein, den entsprechenden Part des Oberschenkels zu polstern. Die auf diese Weise erreichte Entspannung und Erholung kostet bei einer eventuellen Reparatur des Schlägers zwischen sechzig und hundert Mark. Die Reparatur des Knies kann teurer werden.

Sehr oft findet man auch Menschen, die Erholung und Entspannung darin suchen, ihre Mitmenschen zu verprügeln. Obgleich ich gerne zugebe, hin und wieder große Lust zu verspüren, mich dieser Entspannungsübung anzuschließen, habe ich sie auf dem Golfplatz noch selten bemerkt – selbst dann nicht, wenn nach drei Löchern schon fünf Bälle verlorengegangen waren. Es besteht allerdings auch immer wieder die Gefahr, daß der andere zurückschlägt. In den Golf-etiketten steht übrigens kein Wort darüber.

Entspannend und erholend kann natürlich auch ein heiteres Gespräch sein, welches man mit seinen Mitspielern führt. In diesem Fall sollte man aber sehr sorgsam mit der Auswahl seiner Gesellschaft sein; es gibt nämlich Spieler (siehe oben), die in manchen Situationen überhaupt nichts davon halten, fröhlich und unterhaltend angesprochen zu werden. Selbst wenn sie sich von Tätlichkeiten zurückhalten, kann es passieren, daß sie einem dann aus Versehen den Ball an den Unterkiefer schlagen, von dem dann meistens nicht mehr viel übrig ist (vom Unterkiefer, nicht vom Ball).

Beim Suchen nach weiteren Möglichkeiten der Entspannung und der Erholung beim Golfspiel geriet ich an ein älteres Buch, in dem die Zigarettenbildchen alter und uralter Meister dieses Sports zur Besichtigung freigegeben werden. Dabei fiel mir auf, daß eine größere Zahl der Champions um die Jahrhundertwende selbst beim schwierigsten Schlag aus dem Rough nicht daran dachten, ihr Tabakpfeifchen abzulegen (für solche, die auf Namen wild sind: Ted

Ray und Harry Vardon, Sieger bei den British Open). Nun kann es zwar sein, daß diese Herren ihren qualmenden Rotzkocher wegen der Mücken nicht ablegen mochten oder daß sie einen Vertrag mit der Nikotin verarbeitenden Industrie besaßen – sei's drum. Auf jeden Fall kommt man von hier schnell auf ein Phänomen, welches kein anderer Sport zu bieten vermag: Man kann während der Ausübung des Golfspiels rauchen wie ein Schlot, eine zugegebenermaßen der Entspannung dienende Tätigkeit, der Boxer oder Schwimmer nicht teilhaftig werden. Das Rauchen auf dem Golfplatz geht in jeder noch so komplizierten Situation; nur Anfänger legen ihren Glimmstengel während des Schlags im Gras ab, Fortgeschrittene haben an ihrem Caddiewagen selbstverständlich einen Aschenbecher. Allen Feinden des erholsamen Rauchens auf dem Golfplatz sei gesagt, daß selbst umweltbewußte Naturschützer darin übereinstimmen, daß Tabakasche gegen Blattläuse ein freundlicheres Mittel ist als das Gift aus Sprühdosen. Trotzdem muß ich gestehen, daß ich Zigarettenkippen auf dem Tee, auf dem Fairway, im Rough, auf dem Grün und selbst im Wasserhindernis auf den Tod nicht ausstehen kann. Ich bin allerdings nicht für die Abschaffung des Rauchens auf dem Golfplatz, sondern für das Aufstellen von praktischen Aschenbechern – vielleicht alle fünfzig Meter. Auf diese Weise könnten Erholung und Entspannung schmauchend ungeheuer erhöht werden.

(Um meiner Bürgerpflicht zu genügen, sollte ich darauf hinweisen, daß der/die Gesundheitsminister/in bekanntgibt, daß Rauchen Ihre Gesundheit gefährdet.)

Über den Amateur

Ich glaube – nein, ich weiß es fast sicher: Ich darf das gar nicht. Ich habe gegen die Regeln in einer Weise verstoßen, die mich in die tiefste Scham stürzt. Selbst mein reumütig vorgebrachtes Unwissen wird mich da nicht retten. Die Regeln halten sich da streng an die öffentliche Rechtsprechung: Die Unkenntnis des Gesetzes bewahrt einen nicht vor der Strafe. Um es kurz zu sagen: Es geht um die Aberkennung meiner Amateureigenschaft.

Normalerweise würde mich diese Nachricht in allerhöchste Freude versetzen; ich hätte ein Ziel erreicht, welches ich seit mehreren Jahrzehnten in den verschiedensten Sportarten anstrebte: Endlich bin ich ein Profi! Beim Fußball hat das nie einer von mir behauptet, und ich kann sagen, nie ein verbotenes Entgelt entgegengenommen zu haben. (Nun gut, lieber Gott, da DU alles siehst: Einmal bekam ich vor mehr als drei Jahrzehnten zehn Mark, weil ich einen wichtigen Elfmeter hielt; der Ball war so hart getreten, daß ich nicht mehr ausweichen konnte.) Beim Hockey und beim Handball gab's aber wirklich nie eine müde Mark. Boxen habe ich nur einmal versucht – mit Handschuhen so dick wie Sofakissen –, aber es lag mir nicht aus naheliegenden Gründen; es tat weh. Um Tennisprofi zu werden, bin ich zu spät geboren worden. Den Weltmeister Hanne Nüsslein haben sie Ende der zwanziger Jahre zum Profi erklärt, weil er einen Schläger ohne Bezahlung angenommen hatte. Ich habe das mindestens ein dutzendmal getan, ohne daß ein Hahn danach gekräht hätte. (Nun gut, meine sonstigen Qualifikationen zum Tennisprofi waren auch nicht so besonders.) Aber im Golf können sie wahrscheinlich gar nicht anders: Sie müssen mich zum Profi erklären.

Nun weiß jeder, daß das nichts mit meiner überragenden Spielkunst zu tun hat; es wäre geradezu lächerlich, wenn ich irgend jemandem Unterricht erteilen würde, da es niemanden gibt, der solchen Unterricht nötiger hat als ich. Ich habe auch niemals eine Bewerbung geschrieben, in der ich um eine Anstellung als Pro nachgesucht hätte. Alle diese Punkte werden nämlich aufgeführt, wenn im Regelbuch das Amateurstatut im Golf erklärt wird. Man ging bei diesem bedeutenden Gesetzestext, der in meiner Ausgabe immerhin zehn Seiten umfaßt, übrigens nach einer sehr populären Formulierungstechnik vor: Um zu beschreiben, was ein Amateur ist, beschreibt man, wer kein Amateur ist.

Als erstes habe ich gegen Punkt 4, Absatz a, verstoßen, der von ›Preisen und Ehrengaben‹ handelt. Hier steht: »Einen Verstoß begeht, wer Preise, Preisgutscheine oder Ehrengaben im Einzelhandelswert von mehr als siebenhundertfünfzig Mark annimmt.«

Man gestatte mir hierzu folgendes Geständnis: Als ich vor einigen Jahren mein Leben änderte und jede Reise mit der Frage verband, ob dort vielleicht auch ein Golfplatz sei, sprach sich das bei Freunden relativ schnell herum. Ich hatte nach viermonatiger Übungszeit für die Absolvierung einer Platzrunde immerhin nur achtundsechzig Schläge gebraucht, wobei ich notgedrungen ein – wie ich meine – unwesentliches Detail erwähnen sollte: Der Platz hatte nur neun Löcher.

Wahrscheinlich hatte ich aus Versehen vergessen, dieses Detail bekanntzugeben, denn plötzlich erhielt ich die Einladung zu einem sehr schönen Turnier, welches von außerordentlich liebenswürdigen Menschen der Abteilung für Public Relations einer aufstrebenden Firma namens Adidas im fränkischen Herzogenaurach organisiert wurde. Wahrscheinlich wurde ich von den graziösen Bewegungen verschiedener Damen aus der Film-, Show- und Sportbranche ein wenig abgelenkt; anders kann ich mir nicht erklären, daß ich mit einigem Abstand einen Platz belegte, den mir niemand streitig machte. Ich wurde Letzter.

Der weiter oben erwähnte Verstoß gegen das Amateurgesetz geschah bei der Siegerehrung. Als alle diese herzlosen Ehrgeizlinge ihre Pötte und Ehrengaben eingeheimst hatten, rief man meinen Namen zum ersten Male in der halbtausendjährigen Geschichte dieses Spiels auf: Ich will nicht weiter darauf eingehen, daß die Anwesenden mir minutenlang eine ›standing ovation‹ darboten, entscheidend für meine Verfehlung war, daß ich den mir zugedachten Preis in Empfang nahm. Ich erhielt ein sehr stabiles Mofa. Hätten Sie, Euer Ehren, das abgelehnt?

Dieses Gerät stand am nächsten Morgen überraschenderweise immer noch da. Zum ersten Male wurde ich bei der Heimkehr von einem Golfspiel zu Hause sehr freundlich begrüßt. Eines meiner fast erwachsenen Kinder (ein technisch sehr versierter Knabe, der unter Hintanstellung dieser Begabung seine Zukunft in den Geisteswissenschaften sieht) erklärte mir, daß ein Mofa dieser Güteklasse ungefähr zweitausend Mark kostet. Um auf meine Verfehlung zurückzukommen: Der Betrag von siebenhundertfünfzig Mark wurde ohne jeden Zweifel überschritten – mea culpa.

Euer Ehren, gestatten, daß ich einige mildernde Umstände vorbringe: Ich kann motorisierte zweirädrige Gefährte für den Tod nicht ausstehen, weil sie stinken, lärmen und der Brustkorb als Knautschzone herhalten muß. Ich darf außerdem darauf hinweisen, daß ich dieses Mofa weniger als hundert Kilometer gefahren habe. Ich benutzte es lediglich zum Einkauf gewisser Lebensmittel wie Zigaretten und Zeitungen. Ich möchte darauf hinweisen, daß es nicht zur Erhöhung meines sozialen Prestiges beitrug, welches ich in meiner Heimatgemeinde genieße. Wenn ich Besorgungen mit dem Fahrrad erledige, werde ich wegen meiner Sportlichkeit mit Wohlgefallen betrachtet, wenn ich bei Regen, Schnee oder Frost den Wagen nehme, sieht man das als Selbstverständlichkeit an. Als ich aber das Mofa einmal vor der zuständigen Sparkassenfiliale parkte, glaubte ich, in den Augen des Herrn Filialleiters ein gelindes Mißtrauen glimmen zu sehen; ich glaube, er hat heimlich sofort meine Kreditwürdigkeit überprüft. Inzwischen ist für die Benutzung eines solchen Motorrads der Gebrauch eines Sturzhelms zwingend vorgeschrieben. Da mir Sturzhelme überhaupt nicht stehen, habe ich vom Erwerb eines solchen Abstand genommen. Seither steht der Ehrenpreis im Keller, wo er jederzeit besichtigt werden kann, Euer Ehren, und verzeihen Sie mir bitte diese Abschweifung.

Beim weiteren Studium der entsprechenden Paragraphen glaubte ich zunächst, auch gegen die Regel 5 verstoßen zu haben; hier handelt es sich um die Annahme von Ausrüstung. Ich muß hier aber alle Schuld von mir weisen: Erstens ist es nur verboten, wenn damit Werbung verbunden ist – und ich kann mir nicht vorstellen, daß irgend etwas, was ich in diesem Spiel betreibe, als Werbung verstanden werden kann; und zweitens haben die klugen Menschen, die diese Gesetze einst auf dem Berg Sinai in Stein meißelten, ausdrücklich ›Autoren sowie Rundfunk- und Fernsehmitarbeiter‹ davon ausgenommen. Dafür haben sie allerdings in Regel 7 extra die ›Rundfunk-, Fernseh- und Autorentätigkeit‹ aufgeführt, was zwar für eine gewisse Lebensklugheit spricht, andererseits allerdings auch den Eindruck erwecken könnte, daß Betreiber dieser Berufe nichts anderes zu tun haben, als sich auf Golfplätzen herumzutreiben. (Warum kommen Bäcker, Generaldirektoren, Tankwarte, Geistliche, Lehrer und Rechtsanwälte nicht vor?)

Es heißt hier, daß ich mich vergehe, wenn ich ›als erfahrener Golfspieler an Rundfunk- oder Fernsehbeiträgen über Golf bzw. Golfveranstaltungen‹ mitwirke oder ›Artikel oder Bücher über Golf‹ schreibe. Ich muß hier darauf hinweisen, daß die Golfregeln niemals interpretiert werden können, sondern immer in genau dem Sinne zu erfüllen sind, wie sie dastehen. Deshalb ist die Geringschätzung über das Wort ›erfahrener‹ in meinem Fall völlig überflüssig: Erfahrung sagt nichts aus über mein Handicap! Ich bilde mir ein, schlimmere Erfahrungen zu haben als der letzte Masters-Sieger.

Leider kann ich diesen Passus, der mich ebenfalls sofort zum Profi machen würde, trotzdem nicht in Anspruch nehmen. Es heißt nämlich unter den ›Ausnahmen‹, daß berufsmäßige Autoren davon ausgenommen sind, »sofern Unterweisung im Golf nicht damit verbunden ist«. Ich schwöre erneut, daß ich nicht die geringste Absicht habe, einen anderen Menschen zu unterweisen.

Allerdings bin ich mir nicht ganz darüber im klaren, ob die Regel 8 (Auslagen) oder die Regel 9 (Stipendien) nicht vielleicht auch noch dazu herhalten könnten, mich vom Amateur zum Profi werden zu lassen. Nach reiflicher Überlegung und unter Hinzuziehung meines Steuerberaters trage ich mich mit der Absicht, einen großen Teil meiner Auslagen, die ich bisher für das Erlernen des Golfspiels investierte, als ›Studien und Recherchen‹ steuerlich abzusetzen. Schließlich hätte ich ohne diese teuer bezahlten Erfahrungen zum Beispiel nie diesen Band schreiben können. Wobei ich zugebe, daß mir die journalistische Arbeit des Autors Günter Wallraff bei diesem Gedankengang eine nicht unwillkommene Hilfestellung bot.

Wie dem auch immer sei: Aus meinen hier offen vorgebrachten Verfehlungen geht zweifelsfrei hervor, daß die entsprechenden

Behörden mir meine Amateureigenschaft absprechen müssen und mich zum Profi zu stempeln haben. Ich stehe also vor der Wahl, entweder meinen bisherigen Beruf aufzugeben oder das Golfen sein zu lassen. Schade – ich war eigentlich ganz gerne ein Schreiber.

Über ein unerschöpfliches Thema

Am siebten Tage, als die Schöpfung fast vollendet war, lehnte Gott sich zurück, seufzte und dachte darüber nach, was ihn entspannen könnte. Er begann, einen Entwurf für ein Spiel zu zeichnen. Dann, erschöpft wie er war, überwältigte ihn während der Arbeit die Müdigkeit, und er schlief ein.

Das nützte der Teufel aus: Er nahm sich die Pläne, veränderte sie und legte sie dann unbemerkt wieder an ihren Platz, ohne den Namen des Spiels zu verändern: ›Golf‹.

So erhielt die Menschheit ein Geschenk, das göttlich und diabolisch zugleich ist und dessen eigentliche Perversität sie wohl nie ganz durchschauen wird. Fünfzig Millionen Aktive sind infiziert und fast siebzig Länder betroffen (und das, ohne daß sie durch irgendeine Organisation verbunden wären, außer durch das ›Esperanto‹ ihres Vokabulars und ihres Stils), etwa 20000 Anlagen gibt es, von 9 oder 18 Löchern durchbohrt.

Man erzählt sich auch, es sei der bedauernswerte Sisyphus selbst gewesen, der sich beim ewigen Hinaufrollen seines Felsens die Golfregeln ausgedacht hat: er habe versucht, den Stein mit einem Stock auf den Berg zu schlagen. Und warum sollte das nicht stimmen? Wenn ein Spiel die Menschen so lange fesseln und beschäftigen kann, dann hat es etwas Unsterbliches, also auch etwas von einem Mythos …

Die Erfinder des Golf, die man weder kennt, noch weiß, wann sie gelebt haben, beabsichtigten eine ganz einfache Herausforderung: Man befördere einen Ball in ein Loch mit so wenig Schlägen wie möglich. Was gibt es Absoluteres?

Nun ist es ja nicht so, daß man im Golf den Idealfall, das absolute Ergebnis, nicht kennen würde, wie es zum Beispiel in der Leichtathletik der Fall ist, wo man die Grenzen der Rekorde gar nicht kennt. Im Golf kennt man sie genau. Spezialisten haben errechnet, daß eine ideale Runde ein Ergebnis von 34 oder 35 Schlägen ergeben würde, und daß das kein Mensch auf der Welt jemals erreichen wird. Die Besten der Welt erzielen im Schnitt ein Ergebnis von etwa 70 Schlägen, also etwa das Doppelte. Und da wundern sich manche, wenn man ihnen sagt, daß Golf unglücklich macht! Genau zu diesem Zweck ist es erfunden worden ...

Es muß also etwas anderes sein, das aus diesem einfachen, ländlichen, utopischen Spiel eine Leidenschaft macht. Eine weltweit verbreitete Art von Irrsinn. Was macht die Menschen für dieses verrückte Spiel nur so empfänglich?

Oberflächlich gesehen erweist sich Golf als ganz einfach, nicht teuer und recht einträglich. Die Wirklichkeit sieht jedoch ganz anders aus, wenn man bedenkt, daß der ganze Sport eigentlich nur eine Illusion ist.

Man könnte es auch so erklären: leicht, ja. Es genügt, beim Spazierengehen ganz nebenbei einen Ball zu schlagen, mehr oder weniger gut, aber nie perfekt, einen Ball, den man letztendlich immer in dieses verfluchte Loch bringen muß.

Teuer ist es auch nicht unbedingt, okay. In Schottland kann man schon für Kleingeld auf einem der zwischen Meer und Land eingekeilten Plätze spielen, die man ›Links‹ nennt und auf denen man immer wieder einmal ein paar Schafen begegnet. Und es kann eine Menge Geld einbringen, weiß Gott. Jack Nicklaus hat mittlerweile – und zwar nur auf offiziellen Turnieren – über vier Millionen Dollar verdient. Noch bevor er dreißig wurde, war Severiano Ballesteros, der Junge aus ärmeren Verhältnissen, reich. Vom Geld wird viel und oft gesprochen. Robert Trent Jones zum Beispiel, der berühmte Golf-Architekt, handelte sich einmal folgende spitze Bemerkung eines Sponsoren ein: »Ich habe Ihnen ein unbegrenztes Budget gegeben – Sie haben es überzogen!« Bedeutet das nicht, daß die ganze Definition des Golfsports auf einem dreifachen Mißverständnis beruht: der Sport der Reichen, der Alten und der Snobs?

Wohlgemerkt – in Wirklichkeit ist bei diesem göttlich-diabolischen Spiel das genaue Gegenteil richtig. Aus dem Sport für Könige ist ein königlicher Sport geworden, ein Spiel das sich über rein äußerliche Anzeichen von Geld zu einer Sportart mit großem inneren Reichtum entwickelt hat.

Leicht ist Golf wirklich nicht. Man hat in wissenschaftlichen Untersuchungen festgestellt, daß der Schwung die komplizierteste Bewegung aller Sportarten ist, die 13 Muskeln gleichzeitig beansprucht. Die Götter des grünen Rasens wie Nicklaus, Ballesteros oder Bernhard Langer geben zu, daß ihnen während einer Runde nur etwa sechs oder sieben Schläge gelingen, die ihren eigenen Ansprüchen genügen und daß sie auch nur etwa eines von fünf Turnieren, die sie spielen, gewinnen können. Und das sind Meister ihres Fachs.

Der Spielraum beim Schlag ist sehr gering, geringer noch als beim Billard, zum Beispiel. Man schlägt mit einem Tempo von 200 Stundenkilometern auf eine Kugel, die gerade 46 Gramm wiegt und 42 Millimeter Durchmesser hat und plötzlich mit einer Geschwindigkeit von 250 Stundenkilometern durch die Luft fliegt. Ein um eine Winzigkeit verzogener Schlag macht über eine Entfernung von 40 Metern schon eine Abweichung von einigen Metern aus, über 250 Meter natürlich noch bedeutend mehr. Nein, leicht ist es wirklich nicht.

Golf sei nicht teuer, hieß es. Doch, es ist teuer. In ›billigeren‹ Clubs sind eben die Plätze dementsprechend, außerdem muß man dort schon fast Schlange stehen, um auf den Platz zu kommen. In Japan darf man oft nur einmal im Jahr eine Runde spielen, die übrige Zeit verbringt man in den ›Käfigen‹, um zu trainieren. Wofür eigentlich? Für einen Traum? Glücklicherweise bewahren Gott und St. Andrews die Golfer in Europa vor einem ähnlichen Alptraum. In der Bundesrepublik gibt es mittlerweile bald 500 Golfclubs – und die können ein Lied davon singen, was man für den Bau einer Anlage auf den Tisch legen muß.

Und wie sieht es mit der Einträglichkeit des Golfsports aus. Für die Topstars natürlich gut. Aber die große Masse der Pros kann ihren Lebensunterhalt meist nur durch Unterricht finanzieren.

Womit die Legende vom Golf der Superreichen auch widerlegt wäre. Was bleibt, ist die Feststellung, daß es sich bei Golf vor allem um einen Sport der Traditionen, der ›Riten‹ handelt. Es ist so etwas wie eine Religion. Wieviel Golfschläge werden wohl in der Sekunde auf der Erde ausgeführt, Tag und Nacht?

Es sind fast achthundert! Wenn man sich beispielsweise vorstellt, daß etwa 50 Millionen Golfer pro Woche eine Runde spielen und dafür jeweils 90 Schläge benötigen, dann sind es sicherlich auch noch 800 Stoßgebete, die dazu gemurmelt werden. Und anschließend möglicherweise noch 800 Flüche. Golf ist wirklich fast eine Religion.

Zuerst einmal ist ein ganz genau festgelegter Code, ein Vokabular, das die Zusammengehörigkeit demonstrieren soll, eine verbale Botschaft und auch eine Frage der richtigen Farben und Stoffe (Tweed oder Leinen, erst nach dem Durchbruch der Amerikaner kamen die intensiven Farben auf).

Und dann diese Universalität, die Treffen auf der ganzen Welt, die überall gleich sind, ganz egal, auf welchem Kontinent. Die Plätze sind zwar nicht identisch, aber doch schon von weitem wiederzuerkennen. Der heilige Ort des Golfs liegt in Schottland – St. Andrews, wo, wie man behauptet, Golf erfunden wurde. Doch das ist nur zum Teil richtig.

Und dann ist da noch der ›Golf-Gott‹, der Stern des Golfs, unberührbar, unerreichbar in alle Ewigkeit. Der beste Spieler der Welt ist derjenige, der diesem Idealbild am nächsten kommt. Das Paradies liegt, wie in jeder Religion, irgendwo in höheren Sphären. Und nicht auf dem Rasen der Verzweiflung und der Qual. Das Regelbuch ist die Schrift, über die sich alle vier Jahre ein paar Priester beugen, um dem Dogma ein paar geringfügige Zusätze hinzuzufügen, einem Dogma, dessen Ursprung kaum feststellbar ist, das kaum schriftlich festgehalten ist (die klassische Anzahl von 18 Löchern für eine Anlage ist beispielsweise nirgends festgelegt: Nur weil St. Andrews über genau diese Anzahl Bahnen verfügt, wurde das traditionell als richtig übernommen) und das manchmal nur aus Sätzen wie diesem besteht: »Never complain, never explain!« (»Beklage dich nie und erkläre nie etwas!«).

Das Ganze besteht aus einer Basis von Getreuen, die eine kolossale Pyramide bilden, auf deren Spitze die Champions thronen. In diesem Sport sind die Stars nur Gleichberechtigte, die das Glück haben, etwas erfolgreicher zu sein – die es selbst geschafft haben, ein kleines Stückchen näher an das Nirwana zu gelangen, aber keine Götter, die in Wolken gehüllt vom Olymp gestiegen sind, um den übrigen Golfern zu zeigen, wie man es machen muß. Sie suchen genauso wie die übrigen. Sie finden ›es‹ nur ein wenig häufiger, das ist alles.